結婚してもしなくても うるわしきかな人生

小林久乃
Kobayashi hisano

KKベストセラーズ

はじめに

まずはお礼を言わせてください。拙著『結婚してもしなくてもうるわしきかな人生』を手に取っていただいてありがとうございます。今まで裏方として数え切れないほどの本に関わって、作って、そして売りまくってきました。ですから、ひらめきから始まった本の企画が社内会議を通って、店頭に並ぶまでの難しさは身をもって知っています。

どうかここから綴られていく、文章を楽しんでもらえますように。


では、この本の簡単な内容と、私について。

私の職業はフリーランスのライター、編集者、クリエイティブディレクター、撮影コーディネーター……と毎日変わっています。私は女性雑誌編集部出身で3日間寝ないでロケに行く、徹夜作業は日常茶飯事という、コンプライアンスをガン無視した状況で20代は働いてきました。振り返ると、あれは夢物語だったような気がします。

これは経験則ですが、編集という仕事はやたらタスクが多い。常に時間の逆算に追われているので、必然的にできることが増えていくのだと思います。そのせいでしょうか、オファーのある仕事の種類が増えていくのです。仕事で声をかけてもらえたら、デートと同じく一切断らない主義なので、基本はすべて参加してきました。並べてみるとどれも片仮名の肩書きばかりで、おしゃれぶっていそうに見えますね。でも単に色々なことを生業と謳って、食いっぱぐれのないように予防線を張っているだけです。自己紹介をするときは
「はじめまして、今回編集を担当します。小林久乃です」

「こんにちは、ライターの小林です」

と、毎回、肩書きの変わるややこしさは否めませんが、仕事はすごく楽しいです。その楽しさを継続できるように、それなりに努力はしています。

32歳でフリーランスデビューをして、まさか44歳まで独身で仕事を続けているとは思ってもいませんでした。なぜなら結婚をして、とっとと奥様の身分に鎮座していると思っていたからです。出版の仕事は小さい頃からの夢でしたけど、駆け抜けたら終わり。結婚後は書店でパートをしながら、毎日入荷されてくる本や雑誌を辛口チェックしているはずだったのに？　子どもの運動会の応援でお弁当を作って、保護者種目で走っているはずだったのに⁇　『予定調和』という言葉の偉大さが身に染みてくる次第であります。

そして未婚の今、日本で生活をしていて感じるのは『既婚』という身分証明を持ち合わせていないことの窮屈さです。

フリーランスが集まる撮影、取材現場では特に感じることはありません。そもそも同じような、物作りの感覚を持った人たちが集まる場所なので、スタッフの歴史よりも仕事の内容が現場では優先されます。ただ疑問を感じるのは、スーツを着た一般企業の方々と仕事でやり取りをするときのこと。私もＴＰＯに合わせてそれなりの格好で、きちんと話しているはずなのに

「あれ？　プロフィールにないですけど結婚しています？」

「お子さんがいるとか」

「ひょっとしたら、かつては結婚していました？（笑）」

「そもそもおいくつですか？」

と、そんな風に好奇心で溢れかえったおっさんたちの視線を感じるのです。聞いてもらえれば質問には答えます。でもそもそも初めて会った人に、自分の個人情報をさらけ出すのもいかがなものかと。もし私が既婚者だと偽ったら、この仕事はなくなってしまうので

しょうか？

そういう場面に出くわして、思い出したのは今までさまざまな媒体で制作してきた恋愛、結婚に関する記事。そして出会った読者の皆さんの顔。

ほとんどが会社員で日々、婚活を頑張っているとか。そこで聞こえてくるのは、社内や実家を含めた周囲からのプレッシャーがあること、友人同士でも結婚するのか、出産するのかでザワザワすること。そしてその渦中で、未婚の自分が惨めであること。

でも自ら何かを発信しているからそうなるのではなく、モヤッとする原因は外野にあるんですよね。それがおっさんたちの視線を浴びたことで、私にも非常によく分かりました。

私も40歳になるまでありとあらゆる婚活に手を出していました。すべて水面下で行なっていたことで、仕事中は結婚願望があることは曖《おくび》にも出さず（いや、そうカッコつけて思っていたのは本人だけかもしれませんが）頑張っていたのです。そのおかげで、結婚こそまだしていないけれど、自分にはものすごく根性があるんだと思い知らされました。だから、読者さんたちの気持ちはよく分かります。世界中の誰よりも理解をする自信があります。

改めて思うのは、みんな可愛いんですよね。身なりもちゃんとして、なんの問題もない。

居酒屋で意気投合する女子も、仕事で会う会社員の女性もみんなきれいなんです。ちゃんとそれぞれの美しさを持っている。なのに、『結婚』という熟語に対して迎合するかのように振り回されているのは、やはりおかしい。

私から見るとおかしいな、と思う独身女性は、結婚で自分の階級を上げていこうとするマウンティング女だけです。

では著者である当の私はどうなのかというと、現在、婚活はしていません。かといって結婚を放棄したわけではないです。常に臨戦態勢ではいますけど、別に結婚してもしなくてもこの世は楽しく生きられることも見えてきた。仕事もあるし、週末になるとひとりでもふらっと遊びに行けるスペースや街があるので、寂しさがない。

「エンジョイ！」

とまではいかないけど、ケタケタと笑って過ごせる週末があり、友人がいます。そして自分のこの状況が恵まれていることにも自覚があります。特例であることも知っています。

できればそんな私の存在が特例ではなく、一般的なものになったらいいのに。ずっとそう思っていました。そうすれば世間にとってはありがたい、たくましい女性がめきめきと増殖する。それにはこの考えを訴える媒体が必要だと思っていたところに、この機会をいただきました。

私は地方のタウン誌の編集者としてデビュー後、これまでに信じられない数の人たちと出会って、交わってきました。そして彼ら、彼女らから、たくさんの情報と刺激をもらっています。加えて、プライベートでも常に引っかかる人物をチェックする癖があります。やめればいいのに、これがもう習性なものだから目が追っちゃう。その膨大なメモ（時にデスノートにも変換されますが）も実はずっと保管しています。

培った人間観察記と、現代女性は今こんな風に生きるべきではないかと思う私なりの推論。このミックスが本書には詰まっています。書いてみたら、これまでどこにも販売されていなかった、生々しいテキストに仕上がりました。既婚、未婚にかかわらず、女性であれば頷ける内容に書きました。3組に1組が離婚する現代、いつまたあなたが未婚に返り咲くかは分かりません。その時にあたふたするのではなく、女性として凛とした姿勢を保てるためのヒントを集約させたものがこの一冊です。

申し訳ないのですが、本書は純然たる婚活本ではありません。男にモテるための教訓が並んでいるわけでもないのです。著者とすべての読者の皆様の名誉のために言いますが、決して負け犬の遠吠えでもありません。

私たち女性が、ますます清く、正しく、色っぽく生きるきっかけのひとつ。そう思いながら読み進めてもらえたら幸いです。

結婚してもしなくてもうるわしきかな人生　目次

承

転

結

起

結婚願望の泉は
どこから湧いた

今回、本書は『起承転結』で章を組み立てている。まず『起』となるこの章では、なぜ私たちが結婚をしようと思ったのかという、そもそもの原因を振り返りたい。どんなミス、ハプニングでもそうだけれど原因が存在する。まずはそこを探って、二度と同じ意識を自分の中にため込まないための、ちょっとした復習である。

独身者は『結婚をしていない自分』に、どこかで負い目を感じていることが多いもの。まず一般的には、親戚の集まる場所での、独身火祭り状態が挙げられる。結婚式は酒にまみれて、まだ余分なことを言われないで済む。問題は手持ち無沙汰なうえに、故人の昔話ばかりが始まって飽きてしまう、葬式だ。独身は年寄りのいじりターゲットとなる。

「まだ結婚していないのかー。焦らにゃいかんねえー。ほら〜、赤ちゃんのこともあるでしょう。おじさん、探してやろうか？」

と、使っている言葉や口調こそ優しいものの、これは明らかに女性に対する暴言だと感じる。

「あんまり言うと最近だと『パワハラ』と呼ばれて、おじさん、うっかり訴えられちゃうから気をつけてね！」

私は、こんな感じで笑顔のまま、暴言とイラつきを現場で火葬してきた。

そして独身市場が徐々に広がりつつある最近は

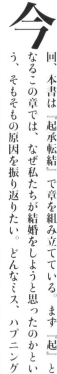

「あらっ！　まだ結婚とか言っているのー？　やだー、もう令和よ？　おばちゃん、痴呆症とか⁇」

と、こちらも暴言で自分の身を守ることにしている。


改めて言いたい。女性が結婚をすることにこだわらなくても、この世はとても幸せだ。

昔、出版社の担当さん（女・既婚）に結婚ができないと、愚痴ったことがある。後日、彼女がくれたメールにはっとした。

『小林さんに本当に結婚したいと思う意思があるのなら、すぐにでも既婚者になることはできると思います。それを行動に移すか移さないか、ぜんぶ小林さん次第なんですよ。結婚ができないわけじゃない』

このメールにスッと心が救われるような気がした。と、同時に思い込みの恐さを実感。ずっと自分が結婚をしていないことに、劣等感を持っていた。

どこかに勘違いが生じて、必要もないのに、未婚の自分を卑下してしまう。そんな意識を排除するために、いくつか思いつく私たちが結婚をしていない原因を並べてみた。ひとつでもあなたにフィットするものがあれば読んで、一緒に笑いとばそう。

1　人生で最初に払ったご祝儀の重責

私たちが『結婚』という2文字を意識したのはいつだったのだろうか。

幼少期の初恋の男の子と
「あたち、大きくなったらユウタくんのお嫁さんになるんだから！」

そんな可愛らしい約束を交わしたとき？　有名人の結婚式の中継を見て感化されてしまったときか⁇　いやいや、就職の面接に備えて
「仕事も家事も育児もこなす、自分の母親のような生き方を尊敬しています」

と、テンプレ返答を身につけたときかもしれない。

いや、忘れないでほしい。結婚に背中をぎゅうぎゅうと押されるようになったのは、最初に友人の披露宴に出席したときだ。親戚の結婚披露宴に出席したのとは、訳が違う。相場が3万円という誰が取り決めたのかも知らない、高額すぎるご祝儀を払ったあの瞬間だ。

披露宴には余興、芸能人のコンサート並みの数回の花嫁のお色直しがある。友人代表の

スピーチ、そして花嫁から実の両親に向けた手紙で、列席者が涙を誘われる。

そしてその様子を眺めながら、私たちはぼんやりとこう思ってしまった。

「(自分の披露宴のときはどんな風に演出をしようかな)」

3万円に託す私たちの夢と野望

個人的に披露宴のことを、20代に出席する『革新期』。30代前半の『平坦期』。30代後半の『焦燥期』と呼んでいる。ちなみに、40代は辛すぎる『怠惰期』に突入する。なぜなら、ご祝儀の相場も謎にアップ、ついでに来賓スピーチを頼まれることも増えて、恋のターゲットである新郎の友人出席者からも上司扱いをされる、面倒くさいバージョンだからだ。

思い出してほしい。まずは『革新期』のこと。この時期は何も考えずに披露宴に出席していい。なぜなら、若さという何物にも代えがたい魅力が、すべてを後押ししてくれる。スピーチをしながら泣くだけで、帰りには新郎の友人が引き出物を二次会まで持ってくれるじゃないか。この時期に恋が始まると、割と本物に育つ傾向が高かったように思う。

そして場数を踏んでだいぶ小慣れてきた『平坦期』。ここではお決まり披露宴コンテンツにうっすらとだけ泣いて、化粧を崩すことを避けるようになるまで成長する。それよりも、最も手堅い合コン会場と化した披露宴でいい物件探しに明け暮れる。コーディネートもふわんふわんしたワンピースから、個性が出てくるようになるのもこの頃だ。

30代後半、会場は戦場になる。『焦燥期』がやって来てしまう。積極的に受付を引き受けて、新郎の友人の物色から始まり、テーブルへのお酌も欠かさない。なんなら「二次会の間までお茶でもしませんか?」と、逆ナンパが始まる。でも披露宴という言葉がすべてを正当化してくれるだから、ありがたい。一日を終えると主役の花嫁よりも、忙しかったかもしれないほどの疲労感に襲われる。

友人もどうせ招待してくれるのなら、夫側の出席者や親族内の独身者をピックアップして、年齢や職業、趣味くらいまでのデータが書かれた紙資料をこっそり渡してくれる優しさがあっても良かったんじゃないか? そう今さらながら友情を疑う。

披露宴で私たちは何をしてきたのだろうか。成果(結婚)を上げられたのか、それともやたら参加費の高い飲み会に出席しただけなのか。

信じていた友人は一緒に遊んでいる裏で、顔色を変えずに、自分の結婚計画を着々と進行させていた。そんなことを思い返すと同時に頭に浮かぶのは、会社員時代の先輩から受けた

「恋愛はね、誰かに相談をして大騒ぎするもんじゃないの。こっそりと影でやったほうが勝ちだから」

という助言。確かにこちらが知らぬ間にすべてが綿密に進行されているパターンの他人の恋愛は、またたく間に披露宴までたどり着いていた。うれしくて誰かに話したいことをだまっていることが真の勝利者への近道なのか……。

そう思うと、もし友人がひとりもいなくて、披露宴に出席することもなかったら、結婚という2文字は現実味を帯びていなかったかもしれない。だから私たちが結婚を意識したのは自分のせいじゃない。

あいつのせいだ。

2 変身願望の召喚

ヒトとは変化を求める生き物だと、しみじみ思う。昨今の転職ブームもそのひとつだ。それも、異業種へ転職すればするほど

「よく思い切ったよね！」

と、周囲から尊敬の眼差しを向けられる。私も20代後半で、地元の勤務先を辞めて編集者になりたいと、何も決めずにサクッと上京をした。その後に就職活動を経て、出版社に入社が決まったけれど、何も決まらなかったら、どんな人生を歩んでいたのか末恐ろしくなる。あったのは若さゆえの勢いのみだ。当時は両親も含めて、周囲からだいぶ反対を受けたことを記憶している。でも、東京で少しずつクレジットの掲載される媒体を増やして、その反対を消していった。ただ父親は娘がどんな仕事をしているのか、いまだによく分かっていない。

変化を求めるのは日々、平坦でいることが不安になるから？　それとも変わることで自分がランクアップすると思うからだろうか。

私の転職理由は前者だった。田舎に埋もれて働いているうちに憧れの出版業界からどんどん離れることで、凡人になってしまうかもしれない。そんな意味不明な不安を消したかった。でもこの気持ちを結婚に当てはめて考えるのなら、ランクアップすることを希望する後者の女性が多いと思う。

既婚者のアドバイスに潜んだ闇

「結婚するとね、女は変わるのよ」

「女の一生は結婚相手で決まるからね」

「ひとりで生きていくよりも、やっぱりふたり。経済的にも大変だから」

独身でいると、同性の先輩既婚者たちから勝ち誇ったように、こんなことを言われた経験があるはず。若いうちはその提言に一喜一憂して
「（嫁になることで、新しい人生がスタートする！　彼に喜ばれるようないい奥さんになろう!!）」

そんな思いを抱いた時期もあった。

でも今になると、助言の数々は、自分たちの結婚生活の内情が思い通りにならなかったことによる、ストレスの押し付けにしか聞こえてこない。

自分が歩んできた道を誰かにたどってもらうことで、また仲間が増える。そんな下心がなかったとしても、その人には『妻になることで夫に幸せにしてもらう』という選択肢しかなかったのかもしれない。だから他に気の利いたことが言えないだけ。

だから先輩たちの言うことは、敢えて聞かなくてもいい。振り回されるだけ時間がもったいない。それならば本の一冊でも読んでいるほうが、よっぽどためになる。

人生の単なる通過地点＝結婚

結婚はゴールではなく、スタートだということは婚活経験者なら聞いたことがあるだろうし、独身でも想像がつく。何事もなく永久的に幸せなんてあり得ない。

では今、私たちが結婚するメリットとは何かといえば
『もう婚活をしなくてもいい』

『結婚していれば、周囲から何も言われずに済む』

これが心の声ではないかと思う。田舎へ帰省するたびに、あちこちから結婚の意思をせっ

つかれて、はぐらかしていると
「30歳も過ぎているのに結婚しないなんて、あの子、性格に問題があるんじゃ……」
そう陰で友人の母親に言われていると聞いた時には、さすがに笑ってしまった。いや、旦那を働かせている時間に、他人の進路に首突っ込んでくるほうが、よっぽど性格に問題があるんですけど。

他にメリットを挙げるとしたら、既婚者の先輩が言っていた
『旅行へ一緒に行く相手を探さなくていい』
は説得力があった。最近、休日の意味も分からないまま、大型連休へ突入していることが多い。旅行へ行こうとしても、金銭感覚や趣味嗜好のことを考えていると一緒に行く相手に迷う。で、どこにも行かずに連休を終えるパターンはやはり寂しいものだから。

そんな考えをつらつらとたどっていくと、結婚することで自分が変化するか……？　といえばそうでもない。単純に、結婚が次々に片づいていく友人たちと同調しようとしているだけなのかもしれない。そして既婚枠に入れば、またそこで新しい問題が発生して解決していく。それが繰り返される。結婚は役所に届ける身分証明であって、欲望の処理機ではないのだ。

それなら独身の頃と全く変わらないスタンスのほうが断然に、かっこいい。結婚指輪で周囲に気づかれて

「あれ？　結婚したんですか？」

そう聞かれるくらいが理想的。祝ってもらうのは自分に対して愛情がある人たちだけでいい。ましてや自分から

「私、結婚したんですぅ」

と会話にぶっ込んでくるのは、ある種のマナー違反に属する。嬉しさのあまり、どうしても言いたいのなら、その会話にはどんな人物が参加しているのかを、よーく確認してからどうぞ。

生きている限り、どこかに変身願望が湧いてくるけれど、それは別の形で浄化していくことをお勧めしたい。

3　メディアに翻弄されて

『ママになっても生涯、女子を貫きます！』

『家事も育児も仕事も、夫の協力があってこそ』

『家族のために女であることに手を抜きたくない』

こんな雰囲気の大見出しが載った、女性雑誌を見たことがあると思う。手に取ったことや、ひょっとしたら、リハーサルとイメトレを兼ねて、購入をしたことがある人もいるかもしれない。

その誌面で、私生活を披露して大活躍をしているのは、読者モデル＝通称・読モだ。

20年くらい前まで『読モ』という言葉は、渋谷のギャルのためにあったようなものだったのに、ここ数年はすっかり小ぎれいな主婦の代名詞。雑誌だけではなくて、ＳＮＳで人気を上げている人もいる。トップクラスになると、企業のＣＭ出演や商品開発をする読モも登場して、パパはおろか、現役モデルの年収を超える稼ぎぶりだという。

各媒体で紹介されているのは、読モたちのキラキラとした毎日である。おしゃれな私服コーディネート、楽しむことを忘れない食卓。そして仕事と育児、家事に追われる一日のタイムスケジュール。

他にも、こんな記事を読んだことがないだろうか。独身向けの女性ファッション雑誌の巻末連載企画で、

「これから私、結婚します！」

という幸せ読モのリアルレポート。彼との出会いや、これから始まるキラキラ……いや、ギランギランとした結婚生活へ向けてのインタビューなどが掲載されている。

これらの雑誌企画を揶揄したいわけではない。私たちが結婚願望を持ってしまった大きな要因のひとつに、メディアによる影響があるということを言いたいのだ。それも著名人たちが公開するものではなくて、読モという限りなく、私たちにとって近い存在の人たちによる夫とのラブラブ生活の露出。それが私たちのハートに火をつけてしまったのではないかと。

「（将来の旦那様や、ホームパーティに備えて料理ができるようにならなくちゃ）」

「（やっぱりインテリアは私の趣味で揃えたいな）」

「（ファストファッションでも読モみたいに着れば、生活感は出ないよね）」

読モたちの生活ぶりを見て、浮かんでくる愛らしい妄想の数々。

でもここでお詫びを兼ねて伝えておくと、あのギランギランした世界の生活は、すべてが事実ではないことは確かだ。私も女性誌でたくさん取材に出かけたけれど、自宅を撮影する際には、その場で大至急片づけをしてきれいに盛る。

素敵ママたちの舞台裏

『子どもが4人いても毎日の家事と育児で、ダイエット知らずなんです』というテーマでメインカットを読モの自宅で撮影したら、写っていないスペースは洗濯物とおもちゃまみれ。壁はシールの剝がれ跡と、落書きでペイントアートされている。

『日差したっぷりのリビングが自慢』の自宅、他の部屋は生活感にまみれていた。冷蔵庫のドアに、給食の献立表が貼ってあって当然。風水ではよくないとされていても、そんなことは知ったこっちゃない。

『野菜も調味料もオーガニック主義。家族に少しでも体にいいものを食べさせたくて』
そう話す、専業主婦の子どもに何の食べ物が好きかと尋ねたら
「ランチパック！　ガリガリ君！」
元気いっぱいに答えてくれた。

読モが掲載されたページは虚像ではない。読者に楽しい情報を届けるための、編集者とスタッフによる演出だと思ってほしい。どんなに人気の読モだって、カップラーメンは食べるのだ。結婚生活だって、パートナーと共に生き抜いていく現実である。ひとり暮らしの延長戦であって、毎日インスタにアップするような食事はしていない。

メディアはあくまでも参考資料の一環。憧れる1ページには数多くのスタッフが関わって、目を引く構成に仕立て上げている。でもあなたが家庭を持ったら、たったひとりで家の中を彩っていくことになる。それは無理がある。

「へえ、こんな生活があるんだねえ」

傍観している距離感がちょうどいい。


余談だけど、ひと昔前は彼氏に結婚を迫る手段として、結婚情報誌を部屋に置いておい

たらしい。でも今は主婦向け雑誌をあからさまに置いて、男性を刺激しているとか。あれはあくまでもきらびやかな演出に彩られた世界だと、前述の通り。男性には新婚生活に対する誤解や期待。そして私たちの生活サイクルには大きな負担を招きかねないので、雑誌は見せないほうが賢明だ。

4　母になりたい！

結婚を考える理由のひとつに『出産』が挙げられる。

女性には出産できる年齢に限りがある。世界びっくり人間でもない限り、60歳を超えて自然妊娠をすることも難しいだろうし、早ければ早いほどいいことは、私たちも嫌というほど分かっているはずだ。

でもいい精子に巡り会う機会も、そんなにタイミング良く訪れるものではない。本当に今までに幾度となく使ったフレーズだと思うけれど
「こればっかりは、ひとりじゃ無理なんでね」

ただ今まで、出産に対する意識は日々変わっている。産婦人科でドンとカルテに押されるという『高齢』のスタンプ。これが35歳の初産婦に年齢が上がった。

そして40代で出産することは普通になった。その一例として私たち世代が若い頃の歌姫

のひとりであった、歌手の華原朋美さんも45歳で母になる道を選んだ。すごくおめでたいことなのだから素直に祝福だけをすればいいのに、

「父親はどこのどいつだ？」

「結婚はするのか？」

と、妊娠発覚当時、マスコミが大騒ぎしていたのには呆れた。彼女はキャリアのある人なのだから、養育環境を担保したうえで決断したシングルマザーの道だったはず。精子と戸籍のことなんてどうでもいい情報に過ぎない。

もし朋ちゃんが養育費に困ったのなら、熱血ファン世代はカラオケに行って印税を落とすために『I'm proud』を何回でも歌う準備はできている。

戦後の女たちは強かった

個人的には『高齢出産』という言葉がどうも好きではない。今までたくさん関連する取材をしてきた。でもこの4文字を叩きつけられると、まるで自分が病人だと言われている気分に陥るのは、私だけだろうか？

「高齢出産だとね、障害児が生まれてくる確率が高くなるでしょう?」

私もすでにこの4文字の域に年齢が達しているのだけど、そんな女性を目の前にして白昼堂々と既婚男性から言われたことがある。それも1回だけの話ではない。笑って聞き流していたが、思うところがあったので産婦人科医に質問をしてみた。

「40代での出産は、障害児が生まれてくるケースがやはり多いのでしょうか?」

「それは確率の問題ですよ。20代、30代、40代でも、障害を持ったお子さんが生まれる人数はそんなに変わらない。でも40代になると、出産をする人数が圧倒的に減るでしょう?分母が減るのだから確率が上がったように感じるだけですよ」

納得と同時に、どこかで胸がすくような回答だった。

こんな記事も制作した。

沖縄県在住の元・胚培養士が編み出した不妊治療方法を受ける中年女性たちが、次々に妊娠しているという。その立案者に話を聞くと結論はすごく簡単なものだった。世の中に蔓延しているありとあらゆる添加物を体内から排除して、健康的な生活を送らせるのが基本の方法。

「(添加物を控えることで妊娠……?)」

興味が湧いたのでさらに自分で調べてみると、まず日本で終戦直後は40代の女性が数多く妊娠、出産をする傾向が強かったことを知る。パートナーが徴兵から戻ってきたということもあるけれど、その一番大きな要因は、食生活ではないかと言われている。

確かに昔のお母さんたちは、夜明けとともに起きて働き、添加物ゼロ、完全無欠のオーガニックライフを送っていた。そもそも保存料も冷蔵庫も普及していなかった時代には、目の前にある旬のものを食べる生活が当然だった。

私たちの親世代には5人、10人といったたくさんの兄弟構成が珍しくなかった。それはすべて母体の健康的すぎる生活に起因していると言っても過言ではない。40代で出産することもそうだ。

ただ今の日本で、完全に保存料などの添加物を断ち切って生活していくのは難しい。その蓄積が不妊治療者数を増やしていると言われても、オーガニックライフ支援金が国から支給されないのが現状である。

妊娠3カ年計画

私たちが

「母になりたい」

そう思った気持ちは、全く間違いではない。むしろ女性なら自然に湧き上がってくる感情で、そのために結婚したいと思う気持ちも同じだ。

出産という企画は想像するに、かなり壮大。まずはパートナーと出会って、つき合って、結婚にふさわしい相手かどうか見極める。その後に着床となると、最低でも3年間の期間を要するビッグプロジェクト。そんなに待てるのか自信もない。むしろこの企画を滞りなく遂行できるのかどうか？　のほうが、課題になってくる。

だからこそ提案したいのがもっと結婚、出産に対して楽観的になること。最初に提示した企画のように、3年をかけて出産をすることに躍起になっているよりも、日々パックのひとつでもしてきれいになって、いずれ訪れる日に備えておいたほうがいい。

だいたい仕事でも企画書通りに進行することはほぼあり得ない。進行中に生まれたアイデアやハプニングが含まれて、完成へ行きつく。撮影現場でも、自分が作った香盤表通りに進行することはない。たまに早く巻いて終わるのは、ご褒美のようなもの。

回り道も進路変更も、決して悪いことではないのだ。

その回り道のひとつになるだろう。私の周囲では高齢出産組（組、とつけると印象良し）が多い。メディア関連という仕事柄なのか、ギリギリまでしぶとく遊んでいる女性が多いのだ。そして産んでまた仕事に即復帰している。みんな口を揃えて言うのが

「出産まで遠回りしたぶん、高齢ママに若さはないけど、金と気持ちの余裕はある」

確かにそうかもしれない。体力的な面では若さに勝つものはないし、リスクは高い。でもそれなりに医療も進化していて、出産時の危険性を回避している。

そして進路変更の好例は『授かり婚』だ。なんてすばらしい企画なのだろうと思う。本来であれば3年近くかかる時間をすっ飛ばして、数カ月でいきなりゴールに到達できるのだから、効率的としか言いようがない。

母性本能が動くとき

私たちには『養子縁組』という選択肢があることも忘れて欲しくはない。ドイツ帰りの帰国子女の友人が言う。

「あっち（ドイツ）では、兄弟の血が繋がっていないことが普通なんだよね。クラスで

『お兄ちゃんとは血が繋がっているけど、弟は違っていて、妹は繋がっている』っていう会話が普通にあったよ」

まだ日本では『養子縁組』に対してさまざまな意見がある。養子だと伝えるタイミングや、周囲に散らばる小さな偏見。でもそういう問題は、生活をして淀みない愛情を注いでいくうちに、次第に消えていくものではないだろうか。

私の先輩にも、養子縁組をして母親になった女性がいる。不妊治療をした末に、選んだ決断だと人づてに聞いた。その直後に偶然、先輩に会った。

お子さんのこと、お母さんになったことにおめでとうございます、と伝えると

「あ、ウチの子ね、浜松（私の出身地）まで迎えに行ったんだよ。最近はねえ、もう飲んでもいないし、毎日22時には寝ちゃってるー！」

そう彼女は笑っていた。とんでもない酒豪で、よくふたり揃って記憶をなくすまで一緒に飲んでいた。でも当時の顔ではない、朗らかな母の笑顔だったことを覚えている。

立ち話をして別れた後、私はポロポロと涙をこぼした。なぜ泣いてしまったのかは、当の本人が理由を分かっていない。

母となった先輩への愛なのか、新しく家族が増えたことへの祝福なのか。ひょっとした

ら自分よりも早く嫁いで、さっさといいお母さんに転身したことへのジェラシーなのかもしれない。

この世には母性を発揮できる選択肢が増えた。フリーアナウンサーの丸岡いずみさんが、代理出産で母親となったケースもある。高額な費用面の問題は否めないけれど、これもひとつの選択肢。

焦って子種を探すくらいなら、自分が納得する諸条件が揃うかどうかをきちんと確認したうえで企画を吟味してほしい。

大丈夫、母親になろうとした時点であなたは、人を慈しむスペシャルな愛情を持ち合わせている。

その日までの独身の日々は、金のかかる体にいいものを食べて、筋トレでもして万全の体制を整えておこうじゃないか。

5 親よりも先に逝かなければそれでいい

両親が健在で、薹《とう》の立った娘が独身でいるというシチュエーションを切り取ると、複雑だ。心配、プレッシャー、焦燥、親孝行、気まずさ、体裁。支離滅裂なワードが親子間を駆け巡っている。お互いの愛情を理解できるだけに、強くも言えないし、出られない。そのせいもあって、私たちのメンタルは割とフル稼働で疲弊気味だ。

団塊世代、そしてバブルを生き抜いてきた親世代からすると、結婚して子どもを産むのは自分たちが体感した、最低限の幸せ。それを我が子に引き継いで欲しい気持ちは分かるけれど、もうその幸福論は現代には適用しない。独身で生きていくことのメリットもあるし、結婚することに対してのリスクもある。私たちはそのことを知っている。

「幸せの形は人ぞれぞれ」

ここに尽きるのだ。それにも気づかず、ひたすら結婚を勧めてくる人種には、この言葉を毛筆で書いて額に貼ってやりたいのだが。

ちなみに私の両親は健在。父は娘に対してビビっているのか、関心がないのかは謎だけど結婚の意思の有無を聞いてきたことはない。母には

「どえらい年下とか、暴力を振るう男だったら困る」

くらいのことは言ったらしいが、娘が健康でいることのほうが大事だと言う。ＤＶ男を実家に連れていく予定はないけれど、どえらい年下男子を連れていく可能性は多分にある。すまん、父ちゃん。

母はやはり娘に誰かと結婚してほしいと、常にアピールを忘れない。時折、

「今度のお正月は誰かを連れて帰ってきてくれるかな」

絶妙なタイミングで娘へ伝言してくる。齟齬のないようにこの場で宣言しておこう。娘は結婚権を放棄したわけではないので、いつかその期待に応えられれば……と常日頃から思っている。

ただそんな私も適齢期に差し掛かった頃は、独身であることが惨めで悩んだ。父には良しとしても、母に申し訳ない気持ちが募ってどうしようもない時期もあった。

「（なんで私の恋は結婚までたどり着かないのだろうか……）」

別に恋人がいないわけでもないのに。タイミングが合わなくて『結婚』の2文字が近そうで遠い、30代前半。自分には何かが欠落しているんだろうかと、日々悩んだ。電車に乗っていてもその悩みは消えない。子どもを抱えてすっぴんで、シミと毛玉だらけの洋服を着ているお母さんを見るだけで、

「（この人と私は何が違うんだろう……）」

ますます悩み、独りよがりの虚しさは増大。負のスパイラルとはこのことだ。婚活をした経験がある女性なら、脳裏に浮かぶ光景ではないだろうか。

そんなみっともない悩みを、中学時代から仲良しの友人に相談したことがある。今はもう、大学生の娘がいる母親だ。

「結婚することも大事だけどさ。親は自分の子どもが健康で、どんな形でも幸せでいてくれることが一番だから」

もう10年以上前のアドバイス。どうも心に刺さったのか、当時の友人の声色まではっきりと覚えている。でもよく考えたら、この相談した友人が仲間内では一番乗りで結婚をして、ご祝儀を払わせられた。この女がひょっとしたら私の嫁心に火をつけた、張本人なの

かもしれない……。

そのアドバイスを機に思い直して、幸せを担保する手段のひとつである仕事に打ち込むことにした。それが正解かどうかは死ぬまで分からないけれど、今、幸せだ。

順に逝く、それが最高の親孝行

私と同じように親と結婚の問題について悩む女性も多いと思う。でも一通りを経験した身分からすると

『親に多く語らず、期待という吹き矢に耐えろ』

こちらを標語として伝えたい。

ざっくり言うと、親を含む血縁者は20代では笑って結婚を勧めてくる。色々な意味で夢にも希望にも溢れた時期に見えるのだろう。30代前半では真剣に、後半になると血眼になって、吹き矢を飛ばしてくる。ここを耐え抜こう。そしていよいよ40代に突入するとだんだん腫れ物扱いになるので、吹き矢の数は極端に減る。40代という勲章には重みがあるのか、結婚の話題は自然と逸らされるようになる。

身内同士でどんなに話し合っても平行線だし、決定的に価値観は違うのだから話し合い

をしても時間がもったいない。

それよりも、今の娘の何でもない普段の話を両親にしているほうが双方にとって、有意義な時間になる。それが仕事、趣味、友人関係など、どんな話題でもいい。自分たちの知らない娘の世界を見せることで、親は安心してくれるはずだから。


私は親になった経験がまだない。だから前出の友人アドバイスを借りると、自分が健康で生きていることが何よりの親孝行だと強く言いたい。本当に、本当に、これに尽きる。

約10年前に大学生のお子さんを自殺によって亡くしたご夫婦に、その胸中を聞くインタビューをしたことがある。辛いはずなのに取材に応えてくれたのは、我が子と同じ犠牲者を出したくないという、たっての願いがあったことが理由だった。

約1時間のインタビュー中、前半は普通の様子だったけれど後半、お母様は泣き通しだった。自分のお腹から産んで、育てて、その子の骨まで拾う作業とはなんと残酷なものか。我が子を失って、憔悴していく親たちの姿は、まるで何かの極刑を受けているようにも見えた。そしてその状況は彼らが息絶えるまで続くと思うと、想像するだけで息苦しくなってきたことを覚えている。私の質問に応える夫婦の勇姿を見ながら、

「(結婚している、していないなんて親から見れば些細なこと。両親の子どもとして、健康で生きて

いることが第一だ）」

ありがたいことにそう感じた。本当に小さなことだけど、健康を心がけてその日を境に禁煙もした。

人に命の期限は決められないけれど、せめて順番に逝く。親を追い越さない気持ちだけが、常にある。それだけで充分なのだ。

6 求む、お見合い制度の復活

お見合いの経験があるだろうか？『ツン、ツクツクツクツン……』と琴の音で名曲『春の海』が流れる料亭で行われるハードなものから、若い人同士でお茶をするようなライトなものまでタイプは異なるけれど、結婚を前提にした男女の紹介。それがお見合いだ。

戦前から昭和年代にかけて、日本ではお見合い結婚が主流だった。親戚や近所から紹介された相手と生涯を共にすることを誓い、嫁の座に収まったのだ。

それがどうだろう。日本が少しずつ、バブル期に向かっていくにつれて、若者の間では「好きな人と愛し合って結婚するのが、やっぱり一番でしょ！」という、アメリカナイズされた意識が蔓延するようになった。ここが私たちの悪夢の始まりである。もし日本人がこんな考えを起こさずに、お見合い結婚制度が当然であるという感覚を崩さずにおけば、私たちはすんなり結婚できた。義務教育と同じようにバージンロードを歩いた。恋愛をしようなんておかしな気は起こさず、理想の相手は、白馬の王子様として一生、夢を見て過ごしていく。アイドルオタクになって、その夢を擬人的に追っかけてもいい。これで良かったのに。

いつの間にかお見合い制度は、結婚をしていない子どもを心配する、親同士の猛烈なお節介になってしまっているではないか。もしくは日本にもまだ残る、閨閥《けいばつ》作りの一環。一般人がしれっと参加するものではなくなっている。

そして恋愛結婚制度がガンガン推されるようになり、妻となることのハードルは面白いように上がっていった。私はこの風潮を、日本が生んでしまった最大級の問題だと思っている。実際に結婚しようと思ったら、出会って、愛を育んで、しれっと相手の家を調査して……と、最低でも1年間の時間を必要とする。ここに出産も加われば、さらに時間はかかってしまう（＊P33参照）。

この解決策として『お見合い制度』が、私たちの生活圏内に復活してくれることを切望している。結婚とは相手を自分で選ぶものではない、勝手に誰かが選んで所帯を持つだけのことだという概念を持つ。そうなれば婚活に費やす時間が、別のことに使える。新婚生活にもっと金がかけられる。私たちのような結婚プレッシャーによる被害者を、少しでも減らすことができるのだ。

ややや壮大な話になってしまった感じはあるけれど、結婚が義務教育のように勝手に進むものだったら楽だと言う私の発想。もし現実化されていたら、婚活にかけた時間を仕事に費やしたかった……。

そう、私たちが恋愛をして、結婚をしようという、一生解けることのない因数分解に直面してしまったのは自分のせいではない。ただの日本の間違った『恋愛結婚』による風潮が大きく影響しているだけなのだ。

コラム
“あかん男”たち

例えば借金がある、DV癖がある、浮気をする、実は前科があるなどの訳あり物件の男性を『クズ男』と総称するとしよう。でも中には表面的に分かりづらいけれど、そのクズに到達していないけれど、人間としての危険性をはらんでいる男がいる。その本性がほんのちょっとした言動や風貌で

「(……この男、なんかおかしくないか?)」

と、第六感を刺激してくる男を何人か見てきた。

キャップのつばを敢えて後ろにかぶるといった小さな癖に始まり、メール返信のスピードが遅い、必要以上に笑顔でいるなど、ヤツらは各所に自分の爪痕を残していく。他の男性にも同じ癖を見出して、私調べで統計を取っている。どの特徴においても結果までたった一人で断定はせず、すべて数人の同類をチェックして、あかんぶりを検証してきた。

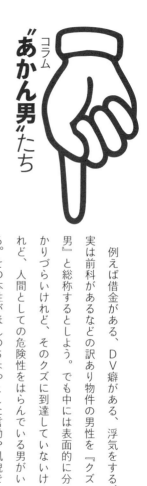

そういう癖を持った男を総称して個人的に『あかん男』と呼んでいる。中でも、その言動が分かりやすかった数名のエピソードをランダムに紹介していきたい。

女性に結婚願望があれば、今の日本では男性でないと婚姻関係を結ぶことはできない。でもだからと言って、相手が誰でもいいというわけではない。私たちにだって選ぶ権利と最低基準はある。その一項目に今回ラインナップされた、『あかん男』を思い出してほしい。

「(……この癖がある男、あの本で読んだ。まずいかもしれない)」

こんな風に思い出してくれたら幸いである。未然に男性災害を防ぐための、防御策をどうぞ。

コラム
“あかん男”たち
1

キャップのツバを後ろにしてかぶる男

自己顕示欲が強い

自分のことを認めてもらいたい、実際の自分よりも良い人間に見られたい。そういう欲望が、自己顕示欲である。度合いは別として、誰にでもあって当然の癖である。

特にその癖が強いのは幼少期。母親の気を引こうと、あの手この手でアピールをしてくる。時にはそれが泣きわめくものから、スーパーで見かける

「買ってくれるまで動かない！」

というストライキまで、種類はさまざま。大人でもSNSで自分の投稿に対して、反応を求める承認欲求が見られるが、あちらも自己顕示欲の一部である。ふと、その顕示ぶりが強い男性の特徴を見つけてしまった。それが『キャップのツバを逆にしてかぶる』ことである。

旦那の浮気で悩んでいる友人が同時にふたりいた。悲しいかな『浮気』はそんなに珍事ではなく、話を聞く側としては日常茶飯事に近い。ともに仕事と称してほぼ

自宅には戻らず、それぞれ子どもはワンオペで育てている。

その旦那たち、ともに自営業でかなりの売り上げを上げている。友人以外から聞いたのだが、目上の人へのアピールが巧妙で、着々と人脈を広げているとか。自己顕示がうまいのだ。家族には申し分のない生活費を渡しているらしい。

「(まあ、あの旦那なら何人女がいても、なんら不思議はない)」

という、揃ってプチオラオラ系の風貌でもある。同じような境遇、ビジュアルという時点で身震いをしたのだけど、さらにおかしな共通項を見つけてしまった。ふたりとも、いつもキャップのツバを逆にして被っているのである。

友人のSNSには幸せそうな家族ぶりが日々アップされていて、時折、旦那も登場する。その写真はすべてツバが逆。ツバが後ろなら日除けにもならないし、キャップで髪の毛をまとめているのか？　というと、ふたりとも短髪だ。草野球のキャッチャーでもない。ツバが逆というのは、帽子としての機能を何も果たしていないに等しいのに、なぜ逆を選ぶのだろう。


その癖を持つ人物をもうひとり。仕事上のフォーメーションにより、仕方なく、取材グループを組むことになったカメラマンだ。いつも撮影現場に入る瞬間からツバは見事なまでに、後ろを向いていた。こうして文章にすると大したことのない癖に思われそうだけど、思い返してほしい。周囲にいるだろうか、逆ツバ男。いや、そんなにいないぞ、逆ツバ男。

　まずこのカメラマン、打ち合わせが長い。それも必要に応じて長いのではなく、これまでの自分の作品を私に見せてくる時間が長すぎるのだ。そんなものはホームページで一覧すれば、一瞬で終わるのに
「この撮影のときはたくさんの人に囲まれちゃって大変だったんだよぅ」

ご丁寧な解説つきだ。子どもっぽい自己顕示欲が強いにもほどがある。それから撮影後、私が制作した紙面をチェックして、メールが届く。

『ボクはあの表紙が嫌いです。もっと売上が伸びるレイアウトがあるのに！』

　この文面を50歳近くの大人が送ってくる事実を、ただの駄々っ子というだけでは済ませられない。


　その後、とあるアイドルグループのライブリハーサル室を訪ねた時のこと。取材対象者のアイドルが、ツバを逆にしてかぶってダンスをしていたのを見て、ドキッとしてしまった。

「(これから一緒に仕事するのに、まさか……)」

本人にさりげなく、いつもそんな風にかぶっているのかと聞くと、

「リハ中だから、髪の毛が邪魔なんです。それにこのほうが鏡に映った表情が分かるし、他のメンバーの動きも見えるから」

あくまでも視界を広げるためのものだと教えてくれて、胸をなでおろした。完全に逆ツバ男のトラウマである。

ツバを後ろにしてキャップをかぶる男性がいたら、騙されたと思ってどんな人間かチェックしてほしい。なんともないと感じるのなら構わないし、それはあなたがれっきとした大人で懐の広い証拠とも言える。

が、私は何かと逆ツバ男の例を目撃してしまったので、まずは警戒する。それは自分も自己顕示欲の塊という自覚があるからだ。恋に落ちた相手と、せめてキャラかぶりは避けたい。

コラム “あかん男”たち 2

ピッタピタのトップス男 ヒモ体質

ロンTを買うときには、少しゆとりがあるものを選ぶ。そもそもTシャツのラインも、近年はビッグシルエットが主流になってきた。ボディコンシャス、という言葉ももう死語になっていくのだろう。平成、令和生まれには歴史上の言葉になる。と、そんな時代に逆行するように、いつもピッタピタのトップスを着用している男性たちを知っている。彼らに共通していたのは、女に奢らせるヒモ体質。

たまにお邪魔する花屋のオーナーのこと。いつも接客をしながら息子の自慢話をしてくる、愛想のいい男性。ただ彼には15歳近く年上の女優並みに美しい、女社長の愛人がいる。もう客も認める不倫関係で、食事代金は常に女持ち。噂で店にも出資をしてもらっていると聞いた。早い話がヒモである。

そんな彼の容姿で気になるのは、いつもピッタピタのトップスを着ていることだ。

「え？　それ、絶対にワンサイズは小さいですよね？」

そう聞きたくなる、乳首のくっきり感。ロンT、ポロシャツ、白シャツ。いつも芸術と呼びたくなるほど、トップスがピッタピタなのだ。ただムダな肉がないのできっちり着こなしているのがまた憎い。

ちなみにこちらの男性、本妻も10歳近く年上でやり手の営業マンだと聞いた。家でも外でも女にぶら下がりっぱなしか。でも自分に投資をしてくれる女性を捕まえることも、才能のうちかもしれないと店内で、花に囲まれつつ、思いを巡らす。そう、浮き彫りになりすぎた彼のボディラインを眺めながら。

ピッタピタトップスの件を脳内にインプットした後のこと。喫茶店で原稿を書いているときに、また怪しい男性に遭遇した。

18時を過ぎると、喫茶店の人間模様は一気に楽しくなる。仕事を終えて待ち合わせをするカップルが増えるからだ。でも店柄なのか来店するのは、中年カップルが多い。でも皆一様に、ウキウキしながら入店してくる。職場恋愛、不倫、友達以上恋人未満という多種多様な組み合わせが店内に蔓延してくる、個人的に人間ウォッチングのゴールデンタイムだ。

その中にときどき席が隣になる、椿鬼奴に似た女性がいた。

「あ、こっち、こっち!」

とある日、連れ合いの登場に鬼奴が声をあげた。チラッと横目で見ると……顔色の悪そうな細い中年男性が、ピッタピタの黒のVネックロンTを着ていた。ボトムは黒のスリムパンツだ。原稿そっちのけでふたりの会話を聞いていると、彼は中年にもかかわらず、バイトをしながら下北沢で活動するバンドマンらしい。そして鬼奴は会社員だ。

「俺、こんな美味いコロッケバーガー食べたことないよ！」

という、彼の一言にゾッとした。私も食べたことはあるけれど、そんなに美味いジャンクフードではない。ひょっとして彼女を自分の手中に収めるための演出なのだろうか。

それから何度かふたりを店で見かけたけれど、支払いはいつも鬼奴だった。なにやら彼に封筒を渡している時もあったので、ライブのチケットを買っていたのかもしれない。いや、ひょっとしたら生活費を渡していた可能性もある。

でも彼女はいつも満面の笑みで、彼と向かい合って座っていた。そして彼のコーディネートは決まって、黒Vネックのピッタピタ T シャツだ。他に所持しているアイテムはないのだろうか？

筋肉が盛り上がったボディを強調するタンクトップ姿であれば

「(ああ、鍛え上げた体を見せたいんだよね)」

納得がいく。でも痩せた体を見せることが、着用している本人に対してどんな特典があるのかは甚だ疑問だ。

ピッタピタトップスで連想すると、鬼奴の（勝手に）彼氏と同じく、バンドバンを思いつく。かつて話題になった、恋人にしてはいけない職業の『3B男（バンドマン、美容師、バーテンダー）』の一種だ。悲しいけれど、3職種とも魅力がある。私の脳内では、喫茶店で音楽について語る彼と『3B男』の言葉がついリンクしてしまった。

初デートで相手がピッタピタのトップスを着てきたら、一旦は注意を払ってほしい。あなたの財布は狙われているかもしれない。

承

私たちが今、結婚しなくてもいい理由

阿部寛さん主演のドラマ『結婚できない男』（関西テレビ、フジテレビ系列・2006年〜）を知っているだろうか。仕事もできて、見た目も悪くない桑野信介（阿部）がなぜか独身を貫いている。その理由に偏屈な性格、手中にしてしまった自由気ままな生活が挙がってくる。どうしてもうまくいかない恋愛模様を見ながら、毎週大笑いしていた。まだ私も30代前半、色々な意味で余裕風を吹かせていた時期である。ただ10年以上経って、落ち着いて作品を見直すと、自分とオーバーラップしてしまうところがあって、迂闊に笑うことができない。

それからこの10年間で女性の仕事に対する関わり方、意識もだいぶ変わって男女の格差も小さくなった……ということは、だ。私たちだって『結婚できない女』と、巷で呼ばれてしまうこともあるのかもしれない。

やりがいのある仕事をして、家賃を払って、遊んで好きなものを買うという現代女性の365日。うっかり楽しく生きる保障を勝ち得てしまった。今さら『結婚』という二束三文にもならないような身分証をもらうことに、何の意味があるのだろうか？　と疑問が湧く。

そしてここで忘れてはならないのが、男性側の結婚に対する意見である。「プロポーズをしてくれない」

「彼氏に結婚を決心させるのはどうしたらいいのか」
と、常々女性を悩ませているが、男性たちも結婚しない理由は同じである。お金も自由もあって、性欲処理もできるスペースがあるのなら、独身を選択するだろう。この両者の言い分が同等すぎて、噛み合うところがないのだ。そりゃ結婚率もどんどん下がる。

これらの事実に基づいて、今、なぜ私たちが結婚を選択しないのか、改めて理由を並べてみることにした。これを反面教師にするもいいし、どっぷり浸るのも構わない。

奇しくも先ほど紹介したドラマは、続編となって放送された（2019年）。タイトルは『まだ結婚できない男』。前回の放送から13年間の時を経ても、主人公の桑野は独身のままだ。時間の流れとはなんと残酷なものだろうか。

10年の経過は『秒』であることを踏まえつつ、この先は未来予想図を描きながら読んでほしい。

1 我輩はこの家の主人である

ひとり暮らしを始めて10年以上が過ぎた。その間に引っ越しは3回、少しずつ部屋は広くなって、家賃以外の面では快適に過ごしている。家事も一通りはできるし、できなかったらお金を払えば、ボタンひとつでもつけてくれる業者がある。ひとり分でも食事をデリバリーできる。特に困ることはない。

この便利さが大きな落とし穴になるのだろうか？　口では結婚願望を訴え続けてきたけれど、この完璧な環境に結婚すれば、愛する人とはいえ他人が介入してくることになる。その事実に耐えられるだろうかと思うと、少し自信がない。つき合っている最中に彼氏が遊びにくるという、浮かれた感じとは比較にならない。それが結婚というものなのだろう。

同郷の既婚友人と地元へ帰省したときのこと。新幹線内で

「最近、実家にいるのが苦痛なんだよね。全部、自分の都合のいいようにセッティングし

ているし、自宅が一番になっちゃったよ」

これからその実家へ帰ろうとしている寸前に、この話題が持ちあがった。確かに言われてみればそうだ。

大好きな地元なのに、実家に帰っても居心地が悪くなった。自分の部屋は物置だし、ベッドは愛用のマットレスではないから寝づらい。眠るときは真っ暗にして、物音がしない状態にしたいのに、母親のいびきは容赦なく襲ってくる。

一番、疑問を感じたのは食事をするタイミングだ。

私に会社員時代があったとは言っても、出版社勤務だったので特に昼休みの休憩時間は決まっていなかった。好きな時に休む、働く。その流れは今でも同じで『空腹になったら食べる』という感覚のまま生活している。これが実家に帰るとそうはいかない。まずはメニュー選択に始まり、時間は朝7時、昼12時、夜18時ときっちり決まっている。

「まださっき食べたばかりだから、全然、お腹は減っていないんだよね」

そんなたわ言は実家で通用しない。家族が増えると、食事をベースに一日のタイムスケジュールが決まるのだ。好きな時に好きなものが食べられるひとり暮らしは、やはり天国なのかもしれない……。

そのこだわり、捨てられますか?

昨日の自分を振り返ってみよう。ドラマや雑誌に出てくるような部屋で、美しく生活をしていただろうか。残念ながら、私はしていない。スマホとテレビを同時に見ながら、食事をする。風呂上がりは全裸のまま過ごして、ボディケアをして、締めくくりにはそのまま冷たいビールを飲む。幸せだ。

既婚者になったらこういったパラダイスは、必然的に厳しくなってくる。なぜなら私たちは人間であり、子どもの模範となる大人である。ある一定のマナーが定められた社会の中で生きているのだ。私が先述した食事方法と、全裸生活はその一定からはみ出たものとして、カテゴライズされる。パートナーの前で公開した暁には、重ねてきた信用を失いそうな気がしてならない。

また逆も然りだ。

結婚早々旦那さまが、一生懸命作った料理を味わう訳でもなく、テレビとスマホを見ながら食べていたら。風呂上がりにフルチンで登場、そのままビールを飲んだら。とりあえず夜の生活はペンディングを希望する。

必要以上に長すぎたひとり暮らしによって私たちの生活、種類はどうあれ『こだわり』が多くなっていることを認めたい。

例を挙げてみよう。

朝目覚めてから家を出るまでの行動。食器や洗濯物の洗い方から、収納方法。料理の味付けに、使用する調味料。掃除の手順。自分なりのインテリア、エアコンの温度、使っているティッシュの種類、歯磨き粉……と、考え始めると枚挙にいとまがない。学生時代、ルールは破るものだと友人と誓い合って育ったのに、いつの間にか生活は『ルールの塊』になっていたことに驚く。

この自由だらけの生活、結婚したら捨てることができるのだろうか？　ついでにパートナーもひとり暮しを経て結婚するのなら、それなりのこだわりを持って婿になるはず。結婚とはこだわりのタイマン勝負だと想定する。

捨てるか、拾うか、その答えは風に吹かれている。そしてその風に乗って、『別居婚』。その3文字が頭の中にふわんと飛んできた。

2 金と愛の境界線はどこに？

予想外に長く、そしてバカ真面目に働いているけれど、年収を誰かに話したことはない。身内にも伝えたことはないし、実家がどのくらいの資産を保有しているのかも知らない。稼いだ金というのは、人が生きていくうえで最大級の秘密のヴェールをまとっている。ただ唯一、その秘密を共有している関係性があるとしたら、『夫婦』というゾーンだ。

結婚をしたらお互いの収入を公開し合って、生活を形成していく。家の大蔵大臣兼、会計係は奥さまで、旦那さんは渡されたお小遣いの中で生活をしていく。これが戦後から続く、一般的な形だった。

ただ世間は変貌を遂げて、女性がゴリゴリに働くように。同時に情報をキャッチしやすい時代となり、女性の知識量も増えた。財産を共有していた夫婦が、熟年離婚をすることもよく聞く。数十年間にわたって家族に尽くしてきたけれど、自分にも財産を持つ権利があると気づいたら……？　そりゃもらうべきものをもらって出ていくだろう。

もうかつての家庭内財産管理がうまくいく時代ではない。お互いに働いて、収入を得ているのだ。一方だけが家庭内のことに対してイニシアチブを握る必要もない。ふたりで、握るのだ。そもそも旧式になると、旦那さんはママからお小遣いをもらっているようなもので、子ども返りを増長させていくだけだ。保険、投資、貯金、生活費、光熱費とめんどくさい支払い手続きをすべてママ任せ。これでは旦那さんにとって、実家住まいの独身生活となんら変わらない。

この方法を逆手にとって、妻はへそくりを貯めるというが、そんな細かいことをしているくらいなら、少しでも多く仕事をして稼ぐほうが賢明だと思う。もしくは毎日頑張って働いているのだから、小銭を数える時間で昼寝でもして休みたい。

最近は、自分の周囲の夫婦や各統計を見ていても、夫婦でお財布は分けているという家庭が主流。家賃や光熱費など生活費を、最初のうちに分配。お互いが何円稼いでいるのかも知らないという話を友人たちに聞いて、ちょっとホッとする。それで許されるのなら、自分の年収を公開することを回避できる。

と、結婚後の生活費シェア状況についてはここまで。現代の風潮は女性の味方だ。

財産シェルターの現代事情

問題は結婚する以前に貯めた自分の財産である。金額云々ではなく、自分のためにやりくりして貯めたものを、旦那と共有しなくてはならないのか？　これも私たち未婚軍団にとっては問題である。こちらについて既婚者たちのほとんどは、パートナーには伝えていないそう。そして隠すための方法が実に巧妙であることに驚いた。

◎預金通帳は自分の実家に置く
◎全く縁のない地方銀行に隠し口座を作る
◎子どもや自分の親戚に名義を借りて、通帳を作る
◎株券や通帳などは貸金庫、もしくはレンタルスペースを借りて管理。業者からの郵便物の送り先は会社か、実家

皆、自分が稼いだ金を無駄にしないためには、努力を惜しまない。そしてこれらは離婚した場合の財産分与の対策にあたる。

現在の日本では離婚する際に、財産を半分に分けなくてはならない。決してシェアハピ

ではなく、一円でも譲りたくない夫婦のラストマッチが繰り広げられる。この事態に備えた苦肉の策だそう。

自分で稼いだ金は誰のものでもない、自分のものである。そして愛と金がリンクすることは非常に厳しい。と、そんなことをつらつらと考えていると、結婚が非常にうっとうしく感じてしまう偉そうな女は私だけだろうか。マイシェルターを持ち、自分の財産を隠すことは分かった。もしも結婚相手が昔気質の人で、
「今日からこれを使ってほしい」
なんて、通帳と給与明細を渡してきたら計画は総崩れである。他にもまだ妄想材料はあるけれど、そんなことを考えている時間がもったいないような気がしてきた。

ならば、好きなものを買って楽しめる、独身が一番のシェルターなのではないかという結論に至る。

3 24時間戦えてしまうから仕事は楽しい

「思いきり仕事をしたいと思うのなら、家族は邪魔になるからね」

編集者の先輩に言われて、ハッとした。

今、私はフリーランスで仕事をしているので、スケジュールも自分のペースで組む。休みたいと思えば調整するし、気合を入れて仕事がしたいと思ったら、寝食も忘れてずっと原稿を書いていることもある。

会社員でも独身であれば、残業は誰かに断りを入れなくても実行できる。先輩に飲みに誘われたら、既婚者とは違って自宅にある食事のことも気にしないで参加できる。そんな些細な自由が重なって、そこに本気が加わって、仕事というものは成り立っている。

24時間、すべて自分のもの。これを誰かと共有するなんて、改めて考えたことはなかった。ああ、だから独身なのか。

私たちの今の仕事の量、質はすべての時間を自由に操作できることで得られている成果だ。それだけではない。まだ時間を割いて、他にもトライしたいこともあるだろう。

もし家族ができて自分の時間が格段に減ってしまったら、仕事は今まで通りにできないかもしれない。独身の頃と同じレコードが残せないのなら、ここまで努力を重ねてきたものすべてがムダになる。そして上司や周囲から、こんなことを聞かれるだろう。

「少し力を抜いて仕事をしますか?」

聞かれるならまだいい。私のようなフリーランスが、何度も家事育児を理由にして進行がずれるのであれば、何も言わずに仕事を切られる。代役の若手は他にもたくさんいる。

だから私はこの質問にこう答えたい。

「独身の頃となんら変わらないように、バチボコに働きますので、私の家庭状況は気にしないでくださいね(笑)」

実際に出産後も家事代行を活用したり、自分の両親と同居を始めたりして、独身の頃と変わらず働くかっこいい母ちゃんを何人か知っている。日本人らしい考えかもしれないが、そういう努力の跡を人には見せない精神が好きだ。このマインドを皆が持ち合わせたら、社会も変革されていくのかと思うけど、その一方で

「女が家庭を持って働くっていうことは、いつの時代も大変」

こんな意見がまだあちこちから聞こえてきて、どうも腑に落ちない。

働く女性はどこまでも美しい

ただどんな逆境下にいてもプライドを崩すことなく、仕事を続けた女性を私は何人か知っている。そのうちの二人を紹介しよう。

波瑠さん主演の『あさが来た』（NHK総合・2015年）という朝ドラが放送された。明治時代に活躍した実業家、広岡浅子さんをモデルにした内容だ。彼女は嫁ぎ先の景気が衰退していく豪商・加島屋を自らの手腕で盛り上げて、軌道に乗せた。女性が働くということは、恥だと捉えられてもおかしくなかった時代だ。でも浅子さんには、自らが働くことの意味が見えていただろうし、何よりも面白かったのだと思う。

そして銀行、生命保険会社を立ち上げて、ついには日本初の女子大学を設立。男性と同等に働いて、子どもも授かった。子育てをしている時間はほぼなかったが、自分なりの形で愛情を注ぎ、そしてまた働いた。そんな浅子さんの実力を、夫の信五郎も認めて見守っていた。噂では、働くことは妻に任せていたとも言われている。

そんな女性が明治時代にいたのが誇らしい。私は、彼女が死ぬ間際に残したと言われている

「ふだんから言うとったことが、みな遺言や。何も言うことはない」

この言葉が好きである。（出典：『小説 土佐堀川〜広岡浅子の生涯』古川智映子／新潮文庫）生き切った！ という感じがしてならない。

あくまでも書籍とドラマから読み取った人物像ではあるが、大きなプライドを掲げて、いつも自身と戦っているように見えた。

こんな女性もいた。

ずっと仕事をご一緒させてもらっている、美容家さんがいる。もうじき古希を迎える、母親と同じ世代だ。美容学校を卒業後、ヘアメイクとして働き始めた後、エステサロンを開業した。たくさんのメソッドを生み出し、何十冊もの著書を世に出している。まだ女性が第一線で働くことが珍しかった時代に『成功者』と呼ばれる位置についた強い女性だ。彼女にまつわる逸話はいくつもあるけれど、一番ハートウォーミングだったのは、旦那様のことが大好きだということ。

イケメンで同じヘアメイクだった旦那様は、体が弱く思うように働くことができなかっ

たそう。それなら自分が彼を支えると、猛アタックの末にめでたく結婚。色々な手を借りながら、ふたりのお子さんも育てた。

今でこそ珍しくない収入格差のあるカップルの話。でも彼女が全力で働くことができた30〜50代ごろの日本は、バブル全盛から不景気へと、経済状況が何ら安定しない状況だった。色々とやっかみもあったと思う。

でも彼女はそんなテンションの下がる話はしない。いつも朗らかに自分の夢を話し、

「死ぬまでに著書を100万部売りたい」

先日はそう豪語していた。その目標はきっと達成されるに違いない。

『あと5分、一緒にいたい』

そんな元気な美容家さんからもらった、忘れられないフレーズがある。

未婚の自身に苦悩している時期、つい彼女の懐の深さに沈みたくなった。

「どうしたらいい人が見つかるのか」

と相談をした。愚直な質問に対する名回答がこうだ。

「一緒にいてね、帰り際に『あと5分、一緒にいたい』そう思える人を探すの。そして次

に会ったときは『あと10分いたい』って少しずつ、その時間が延びていくのよ。それがその人のことを大切に思える証拠。そういう人を探して、いたら手を摑んで離しちゃダメ」

夫婦の収入の格差なんて小さな問題で、自分が支えることに対して疑問を感じない。そういう相手が出てくるまでは、簡単に婚姻届を提出しないほうがいいと納得。

広岡さん、美容家さんの生き様を見ていると、結婚が決してマニュアル通りではなくていいのだと再確認する。例えば遠距離離婚、週末婚と夫婦の形が多様化されてきているけれど、世間は
「なんか普通じゃない結婚らしいよ」

と噂をするのが好きだ。気にしないとは言いつつ、どうしても引っかかる。でも彼女たちの進んできた平坦ではない道は、

「好きなだけ噂話をさせておけばいい。その人たちの考えが変わったときに、噂話をしていた時間が蛇足だったと気づくのだから」

そんな風に私たちへ訴えてくる。大切なのはひとつだけ。今までも、そしてこれからも自分の生き方を責めないことだ。

4　人生に必要な登場人物はもう出揃った

私の仕事ではどんな媒体でもひとつの企画を遂行するまでに、大勢の人間が関わってくる。その中で、現場の撮影、制作のディレクションを取ることが私の役割だ。

長く仕事をさせてもらって、最近改めて気をつけるようになったことがある。それは企画に対して関わってくる人数を、なるべく最小限にまとめること。

『金が動くところには人が集まってくる』。この事実を理解したうえでの話なのだけど、人が増えれば揉める。そして誹謗中傷も信じられないくらいに増える。

もちろん、動員人数を増やして、ブレーンストーミングのように意見を交換し合うことで、良い相乗効果が生まれることも知っている。どんな企画でも初期段階ではこの作業を怠らない。現場を引っ掻き回すのは、途中から参加してくる人たちだ。

「うーん、これは違うからこうしたほうがいいんじゃない？」

「……そうですねえ……（おいおい、その感覚はだっさいし、今さら感すごいんですけど。あとさ、予算ってものもあるわけ。意見はありがたいけど、だったら最初から打ち合わせに参加して言ってくんないかな。それか、そのご意見を実現できる資金提供、オネシャス）」

平静を装って笑顔で対応しつつ、心中は大騒ぎ。でもこの状況を目力と饒舌さと腕力で制御するのも仕事だ。とんでもない体力を使うのだけど。

求む、親戚づきあいのライフハック

この構図と親戚関係は似ている。

私たちがこの世に生を受けているのは、濃度は様々でも、たくさんの血縁者に囲まれているということ。でも全員とつき合っていくのは、物理的に不可能だ。よく『遠くの親戚よりも近くの他人』と言うけれど、まさにその通り。私たちの周囲には、生活を通したコミュニティがいくつも存在している。そことと共存していくことのほうが先決で、三親等外の親戚は顔も知らないケースが多い。冠婚葬祭で初めて挨拶をする人物が、自分の血縁だと知ることとだってある。

ふと思うのが結婚したら、この親戚関係が2倍に膨らむのだということ。パートナーの両親を含めて、数十年間、知らなかった人をこれから家族として愛せるのかと問われると、自信があるわけはない。あるとしたら、それは偽善と呼びたい。自分の母親や妹でさえもケンカをして憎悪に燃えることがあるのに、赤の他人となればその感情は倍増だろう。

その証拠なのだろうか。周囲の既婚女性は姑のことを皆一様に

「クッソババア」

私の前でそう呼ぶ。最近は『姑《しゅうとめ》』の読み方が変わったのかと思うほど、憎しみを込めて発している。好きになった人の母親、というだけでリスペクトをしなくてはならず

「お母さま」

自分の母親とは区別した呼び方をして、いちいち指示に従うことは無理だ。だいたいその人物にどんな経歴があるのかも知らないのに、ただ年齢が上というだけで、敬うことなんてできるわけがない。嫁と姑。蓄積するストレスを想像すると恐ろしくなる。

尊敬する人はまさに字のごとく『尊んで』『敬う』人のこと。そんな大切な存在は自分の意思で選択したい。

では結婚後、親戚関係は無視をしていこうとすると、そうもいかない。もしもその、会ったこともないような親戚が問題を起こせば、少なからず自分の身にめんどうなことが

降りかかってくる。よく遺産相続に関して揉めるのは、実子以外の登場人物が様々な意見を出してくるからだ。金、人。この問題、シチュエーションはたくさんあるけれど、収束させることは専門家でさえも難しい。

そうやって考えをたどっていくと、親戚という結婚のオプションは今後の人生に必要のないものの気がしてならない。

独身で生活している私たち、大正解なのだ。

5　ほんの少しの友情と酒があればそれでいい

「友人関係は一カ所に依存しないこと。いくつも生まれて、消えていくのが当然と思ってつき合っていればいい。残すべき関係は、自然と手元に残るものだから」

以前、取材で会った心理カウンセラーさんによるアドバイス。40代になってこの言葉が改めて身に沁みる。

10年前の交友関係を思い返すと、だいぶスタメンが変わった。

これだけ連絡ツールが肥大化されている時代なのに、全くの音信不通になった人がいた。いきなり自分の前から去っていくパターンの人もいた。それと同時に、新しく友達になる存在もぽつぽつといる。私にも『飲み友達』から『親友』まで友人がいて、75歳のじいさんから、20歳の学生まで年齢層は幅広い。仕事以外ではほぼ飲み屋で知り合っているので、詳細情報までは知らない友人もいる。ただプライベートでその人の肩書きは関係ないし、むしろ気にしたことがないというほうが正しい。彼らがいてくれることで、確実に笑う回数は増えていることがありがたい。

いつまでこの関係性が続くのかは分からないけれど

「(いつか、周囲から友人がいなくなってしまうんじゃないか)」

という危惧はない。これはみなさんにも安心してほしい。あなたが極悪非道人でない限り、友人というのは必ず現れる。もしいないのなら、今の自分が友人を欲していないだけだ。

その理由のひとつに、生涯で女のタイムスケジュールは何度も変わるという事実がある。結婚、子育て、仕事。漠然とした理由かもしれないが、一定の生活リズムで一生を過ごせることはごく稀だ。そうなれば友達づき合いも変わって当然。でもゆとりが持てれば、再び、友人とは一緒に時間を過ごすことができる。関係がすれ違っている期間には、また別の関係性を育めばいい。ひょっとしたらその出会いは一生モノになるかもしれない。

「ただいま」

「おかえり」

そうして私たちの周囲には友人がぐるぐる回っていく。そして友人の周囲には同じように、自分が友人となってぐるぐる回っている。いや自然と予防線を張って、友人を担保しているという説も否めないけれど。

〝友情〟が育む、ピースフルデイズ

この状況は非常に安堵感を覚えさせるが、同時に結婚する意欲を失わせる。なぜなら陽気な友人が近くにいてくれる限り、全く寂しくないのだ。

しかも友人とは同居しているわけではないので、都合のいい時にしか会わない。長時間を過ごせば、飽きてくるし、何かと不具合が生じる。そのスレッスレのところで、遊ぶ大人の関係とはなんと楽しいものか。

しかも不思議なもので、独身=同じ穴の貉《むじな》が集まってくるのである。

そうなったら、もうパラダイスのはじまり。

私も多いと週3は飲む友人たちと日々連絡を取り合う約束をしていて、何も用はなくても『生存確認LINE』を送り合う。緊急時にはお互い連絡を取り合う近所の友人も着々と増えている。老後は地元に戻って、友人同士で手を取り合って生活をする計画も立てている。

もちろんすべてが予定調和のように行かずとも、途中で離脱をして誰かのものになったっていい。そこにひがむ気持ちはない。

むしろ、恋愛が成就したノウハウについて、事細かに情報共有をして愛すべき友人に新しい息吹を吹きかけてほしいくらいだ。異性のタイプや恋愛術は気を抜くとワンパターンになっているので、心の新陳代謝を促してほしい。そう懇願したら、友人も
「仕方ないなあ（笑）」
笑いながら話してくれるはず。そんな彼女の姿が想像できた。

そんな宝に囲まれて暮らす、日々。素晴らしきかな。

6 〝阿川婚〟という新たな指針

2017年5月、衝撃のニュースが独身女性の胸奥を走り抜けた。

『阿川佐和子さん、結婚』

あまり年齢のことは言いたくないが、63歳での初婚である。

阿川佐和子さんといえば文筆家、司会者、キャスターといくつもの顔を持つ。著書『聞く力』（文藝春秋）は100万部を突破という輝かしい記録もある。さらに恵まれたビジュアルを生かして、ここ数年では女優として活躍する姿も見かける。才色兼備という四字熟語は、彼女のために作られたのか。

そんな才能溢れる彼女に結婚の意思を問うのは、あまりにも邪推な行為とメディアも避けていたところに届いた一報。受け取った側の驚きは大きかった。

自分がそんな阿川さんと同じ身分だとおこがましいことは思わないが、このニュースに、私たちは力強く心を押してもらった。

結婚とは好き合った者同士が、生涯を共にすること。でも同調圧力であるかのように『妊娠』がつきまとってくる。

「ね、結婚が遅くなったんだから、早くしなくちゃね！」

まるで祝辞でも述べているかのように、お節介なご婦人たちが詰め寄ってくる図。あと数十年経過すればこの風潮は抑制されるかもしれないが、正直、めんどうだ。

そんなところへ阿川婚の登場である。全方位どこを切り取っても気持ち良さしか浮かんでこない、日本の宝のような淑女が満を持して、結婚である。もうご婦人たちも私たちに対してテキトークを吹っかけてくることはできない。

一部報道では、旦那様との収入格差なども騒がれていた。阿川さんの知力、財力そして人気ぶりにふさわしい男性とはどんな人物だろう。アラブの富豪？　それとも顔パーツが鼻を中心にして、完全シンメトリーに配置された超絶イケメンだろうか。いや、彼女の隣に並ぶのは『阿川佐和子が責任を持って選んだ男性』以外にいない。

愛こそすべて

でも逆を突くと、彼女の結婚は『女性上位、万歳』であることを世間に知らしめてくれたとも言える。今どき、奥さんのほうが収入のあるパターンは珍しくない。周囲にもヒモ旦那や彼氏を養っている友人はたくさんいる。でも世間の一部ではその状況が、異端であると、これまたあちこちからお節介の矢が飛んでくる。その人の稼いだ金をどう使おうが、他人には関係ないのに。

ただ阿川さんの結婚はそのすべてを正当化した。1989年の小柳ルミ子&大澄賢也婚では叶えられなかった、格差婚のイメージを払拭してくれたのだ。

その人のことが好きなら、年齢差や、お互いの収入差は関係ない。もし、男性側に策略があって、自分のことを利用しているのならそれでもいい。いつかそのバケの皮が剝がれた時には、ボッコボコにする準備も、その復讐に協力してくれるという強力な友人もいる。

結婚しても変わらず、そのままで。若干、オーバーかもしれないが阿川婚からそんなことを読み取った。

余談だけれど、阿川婚の報道が出た当時、ツイッターで流れてきたおそらく20代の女性のつぶやきを今でも覚えている。

『わたし、阿川佐和子さんくらいまでに結婚できればいいや』

いつか私たちの仲間になるかもしれない若手にも、十分な意識改革ができたようだ。

妥協をして誰かの手をとるほど、私たちは暇ではない。吟味を重ねて、洗うのがもったいなくなるような王子様の手を絶対に離してはならないのである。

7　SNSは私の意思表示

地元の浜松市へ帰ると、貴重な独身勢と飲むことがある。そこでこの10年以上、定番になっている話題が

「(異性と)出会う場所がない。みんな遊びに行かなくなっちゃったから」

である。これは恋愛だけに留まらず、友人とも出会う機会がないと言う。せっかくの週末、自宅でテレビを観て過ごすことが多いとか、なんとか。ほほう。

そして自分は週末に時間があると、ひとりで飲みに出かけていて、なんなら恋も友情もお持ち帰りをしていることを正直に話すと

「やっぱり東京は違うよね」

気が抜けた返事だ。このレスポンスもマニュアルが用意されているかのように、変わらない。まったく進んでいない。

数年前に地元貢献と銘打って、インナーガイドブックを制作した。その際に、取材でリアルな浜松市の〝遊び〟事情を聞いた。

若者の文化は市街地ではなく、大きな駐車場があるショッピングモールから発信されること、市内でもプチ過疎化があること。帰りのタクシーや運転代行料金を懸念して、外食での飲酒を控えることや（私が10〜20代当時）男女の出会いのメッカであった、大型祭りの参加者も減っていることなど。要は地方都市が衰退の一途をたどっているという寂しい話なのである。

でもそんな状況とは相反するように、地元のお見合い制度で結婚している友人もいるし、それなりに遊んでいる人がいるとも聞く。地方だから出会いがない、というのは主観に過ぎないのではないか。ただ最近はそんな話をすることも何となくはばかられて、敢えて口をふさぐようにしている。

ただこの数年でひとつだけ、物申したい意見があるとすれば

「今はSNSがあるから、色々と出会いはあるよ？」

これである。

SNS（ソーシャル・ネットワーキング・サービス）とは、言わずもがな、インターネット

を通じて関係性を蓄積できるサービス。たくさんの種類があるので、自分にフィットするものを選べばいいだけだ。私もいくつか登録している。SNSでまだ恋こそ手中にしていないけれど、仕事や友情はいくつも生まれた。ツイッターで見かけた楽しそうな人に声をかけて、書籍を制作したことが何度かある。すべて売り上げは10万部以上をマークという快挙だったので、個人的にSNSの信頼度は絶大である。

情報錯綜及び過多が否めない検索サイトを頼るよりも、SNSで検索をする率が増えた。諸々の問題は耳に入ってくるけれど、そこは各々に善悪を判断するしかない。

スマホの向こうで待つ、まだ見ぬ世界

今まで誰とも共有できなかった趣味嗜好のことを、理解してくれる人がたくさんいる、それがSNSである。共通の趣味があれば初対面から会話に詰まることもない。恋愛に発展しても相手の行動がSNSでほぼ把握できるというちょっとしたGPS機能のオプションつきだ。実際にスピッツファンのオフ会で知り合って、結婚した人の話を聞いたことがある。

それから婚活アプリもぜひ活用していきたいところ。結婚はビジネスと同じで条件交渉

であることは否めない。どうしても条件が合わなければふたりの間にある『愛情』とやらに譲歩できるよう、交渉を任せるしかない。それを最初から自分の希望条件を最優先にして相手を探せるのなら、時短の極みである。

今は情報が溢れた時代だ。例えば音楽のジャンルを見ても、趣向に細分化がある。ひと昔前までは、ハウスミュージックが好きだとジャンル指定をすればそれで終了したのに、話はそこから始まる。ディープハウス、ワープハウスなど、ジャンル内でまたさらに表現が枝分かれしている。そして

「テクノとハウスは違う！」

などという、凡人の想像を超えたオタクによる微妙なこだわりが突出してくる。

ただそれはあって当然、何より自分の世界を持つことのほうが素晴らしい。

自分だけの世界に留まらず、その楽しみを共感してくれる人を見つけないと引きこもり一直線の可能性は高い。そんな危険を避けるためにも、ＳＮＳを使いたい。そこで浮かれた出会いはなかったとしても、生活圏内では探せない友人ができる可能性もある。住んでいる地域にフィットするようなコミュニティがあるかもしれない。そんな風にワクワクし

ながらアプリを開こう。

巷には『SNS疲れ』という言葉もあるけれど、それはもう昔の話。関係性が嫌なら、やんわりミュートに、きっぱりとブロックと関わりたくない関係性を断ち切る方法がある。これらを使用することは決して悪ではない。れっきとした意思表明。

令和まで独身でいた私たちのメリットは、日進月歩で進むSNSの世界に居られることだ。昨日まで、予想もしなかったところまで行動範囲を広げることができる。これは寂しくない、やばい、楽しい。

8 文春砲が爆破した理想の旦那様

2016年の初め『ベッキー、不倫』という大見出しが日本列島を駆け巡った。相手は当時、新進気鋭と言われていたバンド『ゲスの極み乙女。』のボーカル川谷絵音さん。嫁を差し置いて、めでたい正月に自分の実家へ不倫相手を連れて行くという度胸にも驚いた。そして、それまでは清廉潔白を売りにしていたあの『ベッキー』が『不倫』という衝撃。このニュースを皮切りに、有名人によるスキャンダルが多く聞かれるようになる。これが『文春砲』の開幕だった。

各ゴシップ誌やスポーツ新聞は、群雄割拠という言葉にふさわしく、猛烈な活躍ぶりを見せた。この頃からだろうか、撮影を担当する男性のタレントさんたちから「芸能人でいることは、そんなにもうおいしくないです」

そんなことをよく聞いた。すべての交友関係に何か穴があるのではないかと疑心を持つようになり、男同士で飲みに行くときでさえも必ず周囲を警戒しているとか。行き過ぎた行為はどうかと思うけれど、エンターテイナーは非日常と勢いから生まれるという、太古からの逸話。これらはどこかに消えてしまったらしい。

そんなすったもんだの背後で、私たちの結婚観を揺るがす新感覚が、しれっと生まれてしまっていた。それが

「これだけ有名人が不倫しているなら、俺もいいっしょ！」

一般男性による不倫のライト感覚化である。

『文春砲』の以前から一部では、不倫という日陰の恋はあった。仕方ない、文化なのだし、背徳感のある恋にはつい燃えあがってしまう魅力がある。誰にも言えない、誰も知らない、彼と私だけの秘密。

「（バレていないと思っているのは、君たちだけ。周囲はみんな知っていますが）」

浮かれポンチの不倫カップルを見ながら、いつもそう思っていた。昔、人気を博した不倫がテーマのドラマ『スウィートシーズン』（ＴＢＳ系・１９９８年）のような美化された世界がないことを男たちは知っているのだろうか。この作品は藤谷真尋（松嶋菜々子）と五嶋明良（椎名桔平）という、上司と部下による不倫の甘美な恋が描かれている。放送当時

は、夫（椎名）を浮気相手から取り戻そうとする妻のことを

「なんとひどい女！」

そう思っていたが大人になった今見返すと、感想は全く違う。

共働きの夫婦の旦那が、自分たちの生活を共同生活だと勝手に解釈。そして空いた心の隙間と性欲を埋めるかのように、女性部下に手を出す物語。そういう感想が思い浮かぶ。

そして五嶋のような男性は着々と、その人口を増やしている。

各所で騒がれた記事によって、妙な親近感が湧いてしまった不倫。彼女の家と自宅を浮かれて行き来する男性は、自分に酔っているだけである。もしくは妻以外とイチャコラできることに喜びを感じているただのクズだ。

不貞行為に正論はなし

私は不倫反対派で、あの文化は幻想とファンタジーの世界でいいと思う。

不倫をしている男性と女性に聞きたい。そのセックスにどれだけの価値があるのかと。関係がバレた場合は、ともに尋常ではない金額の示談金を支払って、そのうえ向こう20年間は、ろくに会うこともできない子どものために慰謝料を支払い続ける。女性はもし妻か

ら彼氏を奪うことに成功しても、結婚当初からムダな借金を抱える。そしてそんなダメ夫の姓を名乗ることに、違和感はないのだろうか。ついでにその男、断言をしてもいいがまた必ず浮気をする。一度浮気した男は、もうそれがクセなのだからあきらめるしかない。

そうなると好きになった人が、いつかは裏切る可能性があるかどうか？　という本性を見分けるべきだろうか。できることなら自分だけに愛を貫けるかどうかが判明する、リトマス試験紙があればいいのに。そんなことを考えながら、結婚に二の足を踏むことになる私たち。誠実さとは一体なんなんだろう。

でもモヤモヤしていても仕方ないので、こんな風に解釈をしよう。『文春砲』は私たちに、男性の下半身がだいぶ軽やかになっていると警鐘を鳴らしてくれたのだ。おかげで旦那といっても他人であり、疑心を持つことを忘れてはいけないということが身に染みた。

ありがとう！　センテンススプリング！

9　男たちが今、結婚しなくてもいい理由

女性が胸を張って生きることができる時代である。だからこそ、結婚を踏みとどまる理由はいくつもある。ここで今まで挙げてきたその理由を振り返ってみよう。

◎人と暮らすことが億劫になってきた
◎稼いだ金を夫と共有したくない
◎思い切り仕事がしたい
◎親戚が増えるというややこしい事態は避けたい
◎友達がいるから寂しさを感じることがない
◎阿川婚という新しい目標が生まれてしまったので、まだ結婚は当分いらない
◎ＳＮＳを通じて、同じ趣味嗜好の人と出会えるようになったので楽しい
◎浮気しない男なんていない

日々真面目に働いて生活をしていたら、思い当たる節はあるはず。ただ問題はこの理由、男性側も同意見だということ。

彼氏がなかなか結婚を切り出してくれないという、悩みを抱えた女性は多い。友人の結婚式に同席させたり、手作りの料理を披露したり、床上手の研究をしたりと男性側を何とかその気にさせようとしていると聞く。

その作戦を練りに練って決行した経験があるけれど、元彼の心には響くことはなかった。つい先日10年ぶりにその元彼に偶然会ったので、その下心を打ち明けたけれど

「気づいてはいたけど、自分に結婚をする理由がなかった」

と言われた。今もお互いに未婚と知って、二人が結婚をしなかったことに納得。もし何とか元彼を丸めこんで結婚していても、スピード離婚だったような……。

男女ともに、結婚する理由が減った。結果、結婚が難攻不落なものになってしまった可能性がある。その最中ではあるけど結婚する機会が巡ってきたら、ぜひ思い返してほしい言葉がこちら。

『男とは支配者だ。支配されても、支配しきれない女になれ』

絶世の美女として知られている、かのクレオパトラが残したといわれる言葉らしい。恋

愛のことで悩んでいるときに、友人がＬＩＮＥで送ってきてくれた。一瞬、その意味を探して、心が迷子になりかけた。でもよく意味を読み込んで、私なりに出た解釈がこちら。

『男とは何かと支配をしたがるもので、お子様感覚が死ぬまで抜けない。でもそんなところを可愛さだと思って、女は支配されているふりをすればいい。心の底にいつも信念を持ち、自分のすべてを男に支配されてはならない。

時には男がふと不安になって、つい追いかけてしまう女であれ』

コラム
"あかん男"たち
3

胡散臭い
友達が多いかもしれない男

女性は未来のことを、男性は過去の栄光ばかりを話す。これは男女でくっきりと分かれる特徴のひとつだと思う。昔はそれが気になっていたけれど、35歳を超えたくらいから許容できるようになった。

「(……まぁそのくらいはねぇ……ご本人も話をしたいでしょうし……)」

その場だけ流しておけばいいし、これは私ひとりごときで食い止めようがない。そんな大人の対応ができるようになった私でも、どうしても引っかかってしまう男性が発するフレーズがある。

「俺、友達が多いんだよね」

これを聞いたら、一瞬だけでもその男性を疑ったほうがいいかもしれない。

このフレーズに違和感を覚えたのは、30歳頃のこと。芸能事務所でマネジャーをしていた男性だった。いわゆるノリが良く、饒舌で仕事もできると評判の人物。業界人を集めた飲み会を何度も開催していて、私も若気の至りでその会に参加していた。

彼はいつも会場内を忙しそうに回って、招待客と楽しそうに話していた。そして彼の会話から度々聞こえてきたのが、

「友達が多いんだよね」

である。相手に合わせて『多くて』『多いから』『多いもん』とまるで三段活用であるかのように、語尾が変わっていた。なぜかこれが耳に残ったのである。

自分と照らし合わせてみてほしい。友達が多いことを各所であなたは誇張するだろうか。本当に信頼し合った友達に恵まれているのなら、敢えて口にする必要はない。むしろ人数なんて少なくてもいい、友情とは濃度の問題なのだから。

その後、彼は独立開業をしていたけれど、すぐに倒産したという噂を聞いた。窮地に追い込まれた状況を、友達は助けてくれなかったのだろうか。

飲み屋で会った男性と隣席になった時のこと。自分の職業のことを話すと、途端にまくし立てるように話してくる。自分で会社を立ちあげていて、不動産からイベント企画までしている。それから、昔はファッション雑誌で引っ張りだこのモデルで、テレビでも人気だったタレントだったこと。初対面の私と、できればいつか一緒に仕事をしたいとも言われた。ふーん。

特にこちらからは質問していない。というか、俺伝説語りが全く止まらないので、質問する猶予を与えてこないのだ。

男性の言動は、好意を持っているアピールにも見えるけれど、今回はそこに当てはまらない。明らかに仕事を欲しているようだった。少しでも自分を装おうと栄光を並べているように聞こえる。見ず知らずの人に自分の栄光をいきなり話していいのは、インタビューを受ける芸能人くらいだ。むしろ彼らは読者が大して喜ばない自慢話よりも、今まで味わってきた苦労や挫折のことを話してくれる。

そしてまくし立てるように話すラストには、満を持してあのフレーズの出番がきた。

「俺さ、友達が多いわけ」

私はさり気なく席を立って、店を後にした。これ以上この人物と話すことはない。

後々に店で彼の評判を聞いたところ、彼は男女問わず自分語りが好きらしい。そのせいか男性客からも避けられているとか。くっちゃべってる前に『友達』という言葉の意味を広辞苑で一度調べ直したほうがいいと思う。

「友達が多い」

そう豪語する人物に限って、上澄みのような友情しか育んでいないパターンの話。ご本人は友達と思っていても、相手は知人にしか思っていないかもしれない。そんな男性に魅力があるだろうか？　少なくとも今回の両名は、同性からも嫌われていた。

そんなわけで戦慄フレーズが聞こえてきたら、女性には避難勧告を発令したい。

コラム
“あかん男”たち
4

第六感に触る男
借金が多い

初対面の男性があまりにも慣れ慣れしいと、怪しい。尚且つそういう人種の中に金にだらしない人間がいた、という話をしたい。

32歳のときに、女性の幼なじみが結婚することになった。つき合ってから結婚までのスパンが短かったので、周囲には心配されていたけれど私は旅立ちを祝福していた。

そして彼女の住むマンションで、初めて彼に会ったときのこと。彼女が作る料理を楽しんで、酒も入ってきた頃に突如、

「姐さん」

と、彼から呼ばれた。キャラクターもあるからこの呼ばれ方も仕方ない。でも、縁もゆかりもない、ましてや初対面の人間から呼ばれると若干、イラっとする。これは女性なら誰でもそうだろう。

「俺、仕事が面白くないんですよ。いいなあ、フリーランスって。なんか面白い仕事を回してくださいよ」

そうも言われた。彼はデザイナーの仕事をしていたけれど、いわゆるクリエイティブをあきらめて、商業デザイナーの会社員として勤務しているという。

「……?」

なぜか心にしこりが残った。特に彼の見た目の問題ではない。

「(あいつ、おかしい。何かある、何か……)」

人には第六感がある。この時は幼なじみのために、私のアンテナが発動していた。でも当時まだ何かと経験不足の身分で、その不信感を表現できる力量もない。彼女に伝えたところで、結婚の先を越された腹いせだと誤解をされるだけだ。うまく説明する自信がなかった。そしてふたりは、そのまま流れるように結婚してしまった。

そして結婚から3カ月後。幼なじみが私の家に泊まりにきた。そして、田舎で料理店を営んでいた夫の実家が、自己破産をしたと泣きながら報告をしてきた。驚愕である。そう言えば結婚式当日、

「何でウチ(嫁側)ばっかり、新婚の家財道具を買ったり、結婚式の費用を出したりしているのか」

そう彼女の母親が私に聞いてきたことを思い出した。なるほど、そもそも実家は借金苦だったのか。それなら祝いの金を出せなくても当然だ。

それだけではなく、結婚後に夫の大学の奨学金の返済が滞っていることも発覚。

「（夫の出身地の）秋田県の裁判所から通知が来たときは驚いた……。今から、毎月5万円支払うの負担は大きいよ……」

新妻に襲い掛かった、突然の借金地獄である。今でこそ、奨学金を借りるのはポピュラーになったけれど、私の年代で借りているというのは、珍しかった。

借金をしていることが悪いとは言わない。家庭には各々の事情がある。でもそれを黙って結婚するとは、不届き者にもほどがあるだろう。一方でその事実を隠すことしかできなかったのだという、彼を擁護する意見も分かる。ただ大事な幼なじみのことであるから、その意見は適用することはできなかった。

私は何度も彼女に離婚を勧めた。当時、知っている限りの知識で「旦那はこれからも何かすると思うから、今のうちに別れろ。金銭的な被害が、あんたの実家までに及んだら大変なことになる」

そう説得した。嘘は一度ついたら、それをつくろうために、どんどん上書きをしなければならないものだ。それと同じように一度でも後ろめたい事実を黙ったまま、土足で他人の家へ侵入してきた人間は、また何かを平気でしでかす。そして必ず夫は何かを抱えている。そんな気がしてならなかった。

でも彼女は私の話をゆっくりと聞いたうえで、旦那のことを愛していると言った。

そして2年ほど前。夫婦は夫の浮気により離婚をした。32歳の時に感じた私の第六感は当たってしまった。裏切りによって食欲が喪失してしまい、彼女がやせ細ってしまった姿も、号泣していたことも記憶に新しい。

浮気に至るには、夫婦間に瑣末な理由があったことも聞いていた。でも結婚をする10年前、力尽くでも彼女のことを引き止めていれば、離婚という惨事も免れたかもしれない。女性にとって貴重な30代をもっといい男と過ごすことができたかもしれない。そんなたらればが私の中に募った。予想外に経験豊富になった今の自分なら、もっと毅然とした言葉で、間違った道へ向かう彼女を引き止めることができたのに。

私はこんなシチュエーションだったけれど、もし大事な人から大事な人を紹介されるような場面があったら、慎重になってあげてほしい。それはあなたが審査員代表を任命されたということなのだ。

「?」

これが重要。そう感じることがあったら、それは愛情が起こしたサイン。大ごとになる前に、問題提起をしよう。

そして何もなかったらそれでいいじゃないか。

転

妻の称号を得るために費やした時間と金と下心

婚活というものは『運動会』と似ている。

例えばリレーでは1位になる生徒がいれば、ビリになる生徒だっている。全員が同じような成績で終わるわけがない。では運動会において、何が大事なのかといえば当日、参加をしたことなのだ。休暇を取って、自分の応援に来てくれた家族に元気な姿を見せれば、任務は完了。

運動会では好成績を残すことが目的ではなく、いかに印象深い思い出を残すか？　がキモだ。徒競走で逆走したり、ダンスの振りを完璧に間違えたり……個性が出ていればそれでいい。

結婚活動、略して『婚活』は時間とお金をかけた者が勝者になるわけではない。各々のライフスタイルがあるのだから、コマの進め方は自由である。大事なのは参加をしたことだ。それがたった数週間だったとしても、結婚しようと、頑張ったことに意義があると私は思っている。

例えば独身のまま老後を迎えたとする。老人ホームで仲の良さそうな夫婦を見ても

「（私、一度はちゃんと結婚しようと努力したものね）」

そう思える事実があればそれでいい。これは独善的なことではなくて、周囲も認める功績だと自信を持とう。俗に言う。『やらないで後悔するより

も、やって後悔する』である。

後悔はするまいと、必死で活動を積み重ねてきた私たち。どこで個人情報がダダ漏れになっているのかは知らないが、

『1982年生まれのあなたは今年が最高の恋愛運です！』

『40歳からの幸せになれる結婚情報、あります』

と、やたら具体的な年齢を示唆した婚活情報広告が、インターネットで流れてくることに驚く。そう、私たちはダーリンを探して求めていただけなのに、いつの間にか結婚仲介業者の標的になっているという結末。この状況、足元を見られているようで、少し悔しい気がするのは私だけだろうか。

そして『承』では、私が現場で場数を踏みまくってきた、婚活実績の数々を紹介する。みなさんには自分と照らし合わせて笑ってほしい。そして頑張った自分へエールを送ろう。婚活に費やした時間は、何かを教えてくれたこともあったはずだ。その思い出をここで共有して、先に進もう。

これから婚活をするという状況なら、このリアルすぎる体験談を今後の参考にしてもらえれば、これ幸い。

それでは『運動会』らしく、クラウチングスタートの準備を。

1 〝女子力〟に見えた美醜とは

何を今さらと言われそうだけど、女性が結婚、出産をしても働くことが当たり前になった。１９８６年『男女雇用機会均等法』が施行されて以来、私たちの諸先輩方が、牛歩かもしれないけれど、女性の働くスペースを確保してきてくれた。そして男性と同等に、いや時には男性以上の能力をフル発揮して働ける、今日がある。

もし今、職場の男性優位という状況に悩んでいるとしたら、とっとと辞めたほうがいい。そんな会社に輝かしい未来があるわけないし、自分の能力を生かすこともできない。

そして女性が仕事でメキメキと頭角を現していく背景で生まれた『女子力』というやっかいな言葉がある。婚活経験があれば、どこかで触れざるを得なかった言葉だ。この言葉に定義はなく、それぞれのイメージで言葉の意味を解釈されて、都合のいいように使われている。

代表例を挙げていくなら、まず料理を大前提として家事ができる。趣味がお菓子作りだったら、尚良し。スキンケア、メイクに手が行き届いている。テロンテロンとした素材の洋服を着て、髪の毛は清潔感のあるカールをしている。ネイルは週イチ。

これらを具現化した存在が、男性視点でいうと女子アナなのだろう。

実は私、昔から料理だけは好きで、探究心を常に忘れず各所で胃袋を掴んできた。30代前半からは、調子に乗って、花見やバーベキューには手作り料理を持参。今だから言うけど、狙っていたのは参加男子ウケのみ。その度に

「女子力高いよねー」

「これだけ料理ができたら、結婚もすぐだし、旦那さんも幸せなんじゃない」

こんなことを現場で男性陣から言われ続けてきた。

女子力、女子力……この言葉が、脳内に去来する。それなら料理をホクホク食べるだけではなくて、私を嫁にもらって欲しかったのだけど。

そんなあざとい努力を10年以上続けてきて、気づいた。別に料理がうまいことは女子力ではない。小学校時代は国語、算数、理科、社会と、目の前に並べられた科目を勉強してきたけれど、大概はそのうちのどれかが得意科目になる。それと同じで家事の中で一番得

意だったのが料理だっただけだ。そもそも今まで私の料理を食べて「女子力、ハンパなくない？」と言ってきた男性の発言もおかしい。この発想の裏には、料理は女性がすべきものという価値観がある。そんな匂いがする。きっと子どもができたら、

「俺、結構、家事を手伝っているんだよね」

世論に対する冒涜に近いことを言うのだろう。家事は手伝うものではない。ヒト科として生まれたなら、やって当然のことだ。

女子力エスケープ

このことに気づきだしてからは、男子ウケやエア花嫁修業を捨てて、健康管理のために料理をするようになった。女子力放棄である。自分で作っていれば、体内に何が入っていくのかも分かるし、足りないものも自ずと分かる。

今でも必要に応じて差し入れを作る理由は、予算を考えたら買うよりも作ったほうが安いし、何より作ることが個人的にはストレス解消なのだ。あの野菜をガツガツ刻んでいく快感、グツグツと何かが煮えていく瞬間の胸の高鳴りといったら……！　各々に発散法は

あると思うけれど、私の場合はたまたま料理だっただけだ。それに独身でいると大量に作るチャンスが少ないので、できるときは全力で大量に作る。楽しい。

料理をする理由が女子力からストレス解消に変換されて、最近ではクール便で実家におかずを送るまでに成長した。家族は喜んでくれるのだけど、長女のストレスという調味料がふんだんに詰まっているとは言いづらい。

それでもいまだに女子力がある、と誤解されることがあるので、

「40歳超えていて、お母さんになっていて、毎日家族のために作っていてもおかしくない年齢ですから（笑）」

決まり文句で返す。

女子力という言葉は、小林辞書から消えた。

婚活をしていて、女子力を蓄えなければと思った人たち。無理をして好みでもない洋服を着たり、得意でもない料理を頑張ったり。本当は金髪ショートヘアにしたい衝動を抑えて、栗色の巻き髪にする……など。私も一時は頑張った生き証人なので、その気持ちは痛いほど分かる。

そしてその個性を抑えた行動＝女子力は、疲労に似ている。よく疲れている時に、「無理は禁物！」

医者や周囲から注意をされるだろう。無理をすればいつか倒れるし、他にボロも出てくる。病気になってしまうこともあるのだ。同じように女子力という言葉にこだわっていたら、いつか自分を見失いそうな気がする。

だから女子力という、実態のない言葉のことは信じる必要は、どこにも存在しない。

2 生々しさ100%の婚活叙事詩

1994年にフジテレビ系列で放送された『29歳のクリスマス』は、伝説のヒットドラマだ。主演は山口智子さん。友人役に松下由樹さんと柳葉敏郎さん。

今から約20年前の日本は、まだ社会に男尊女卑の風潮が根強く残っていた。もちろん、今でもあるけれど上司の陰湿な振る舞い、

「女だから!」

と差別化されてしまう仕事上のくやしさ。そんな現実にもどかしい思いをする矢吹典子(山口)と、今井彩(松下)のふたり。

今では結婚、出産を含めた女性の分岐点が『アラフォー』と呼ばれる、40歳前後といわれている。でもドラマタイトルが表すように、当時は30歳前後が分岐点とされていた。その前は24〜25歳と言われた時期もあったなんて、なんて恐ろしい日本だったのだろうか。

そんな女性としての岐路に立つ典子。恋愛も結婚も家族も友情も、そして自分も大事にしたい。そういう葛藤が描かれた作品だ。その心の機微を表現する山口さんの演技がすばらしかった。

実は私、各所でドラマ評を書きまくっている、ドラマオタクでもある。小学生時代から毎クール放送されるテレビドラマをずっとチェックしてきた。そんなオタクが生意気にも雑誌などで取材を受けると

「今まで見たドラマの中で一番好きな作品は何ですか?」

この質問をされることが多い。そんな時は『29歳のクリスマス』の名前を挙げているほど、ファンだ。

この作品は心にポトン、と落ちてくるような印象的なセリフや、演出上のアイキャッチが多かったことも特徴的だった。

「あっちにぶつかり、こっちにぶつかりしながら、いっぱい傷を作って生きてきたの!」

山口さんが発した、力強いセリフをいまだに覚えている。

何度見ても色褪せることのない、自分に対する鼓舞と共感がそこにはあった。そして度々、何かで落ち込むと見直して勇気付けられてきた。時代背景は変われど、女性が仕事と恋愛と結婚で悩むことは変わらない。『29歳のクリスマス』の魅力を総合すると、そう

いう日常にある悩みの表現にリアリティがあったのだと思う。

オンエア当時は20歳に満たなかった小娘の私も、毎週夢中で見ていた。

「(大人になったら、こういうことで悩んで生きるのか)」

ワクワクと将来を想像。当時の私に伝えてあげたい。その悩みは想像以上に肥大化して、自分を苦しめることになるぞ、と。

その名作に匹敵するとは思えないけれど、ここからは私が40歳直前まで必死になっていた婚活のことを回想して、まとめていこうと思う。リアル婚活の告白、そして真実だ。

同じように今まで婚活に時間も金も費やしてきた人たちは

「あった、あった、こういうこと。本当に頑張ったよね、私」

自分を褒めてほしい。あなたは『やらずに後悔』したわけではない。『やって後悔』をした勇者なのだ。

これから婚活に参戦しようとしている人であれば、現実を知ってほしい。決して答えはひとつではないので、私＝先輩とは違う結果を残してくれることを願っている。実際にさまざまな婚活を経て、家内という呼び名に鎮座した人もいるわけだから、成功を祈ろうではないか。

私が『29歳のクリスマス』で気づいたことがあったように、少しでもあなたの参考になることを願って。さあ、ここからは笑う準備を。

〈婚活パーティー〉

一般的に男性は料金を支払って参加、女性は無料。規模にもよるけれど、自分の職業や趣味が書かれたカードを渡して、参加者全員と会話をする。そのあとに気に入った相手を迎えに行って、個人的に話すフリートーク。そしてラストに告白タイムをするのが婚活パーティーだ。

私が参加したのは、女性もわずかながら料金を支払う『寺コン』。全国にある寺が主催しているもので、仏様の前なら悪いこともできないだろうと参加を決めた。そう、この手のパーティーで怖いのは、どんな輩が参加するかも分からない危険性を秘めていることなので、まずは安全を担保したかった。

パーティーの事前登録に寺まで出かけると、女性の登録者が圧倒的に多く、なかなか合コンの参加抽選には当たらないとお坊さん談。今日日、プラチナチケットが当選しないというなら話は理解できるけれど、合コンまで飽和状態とは……。私の出鼻はあっさりとくじかれた。

が、運が良かったのかまさかの当選。日曜の午後を使って参加したけれど、結論から言うと私にはあまり向いていなかった。そもそも団体行動が苦手だという、第一前提も忘れていたのがまずかった。でもそれは置いておいて、当日をプレイバック。

まずは参加者全員と回転寿司状態で話す、自己紹介タイムからスタート。ここで職業柄なのか、カードを見て

「(職業はゴミ処理、住まいは埼玉県……自宅住まいか。なんだか性格が暗そう)」
「(転職10回の割に、年収が200~300万円なら、何か問題がありそう)」
「(え、割と笑顔が可愛い……でも貧乏ゆすりが止まらないのは神経質?)」

と、いちいち書かれている以上のことを分析してしまうので、脳が忙しい。ついでに自分の職業欄にはバカ正直に『ライター』と書いてしまったものだから

「かっこいい職業ですね! 文章が書けるって尊敬します」
「有名人とかと会ったりするんですか?」

と、これまで幾度となく回答したか分からない質問が、矢継ぎ早に飛んでくる。この状況を男性参加者の数十人分、いちいち反応をして約1時間が終了。脳を動かして、喋ってを繰り返した結果、(経験はないが)フルマラソンを完走したほどの疲労を催した。タイプの人もいないし、すでに帰りたくなっていた。

そのあとグループになって交流会、怒濤のフリータイムを経て、4時間近くを費やして終了。途中、

「(ビールが飲みたいな……)」

ぼんやり戦線離脱しながら、ロビーでこっそり休憩をしていた。そんな横柄な態度をしているにもかかわらず、帰りには10人の男性から連絡先をいただいた。ただ見事に興味をそそられる人がいなかったので、誰にも連絡することはなく、私の婚活パーティー物語は終焉を迎えた。

途中で自分に合っていないことが分かっていたのに、何故、途中退出しなかったのか?

それは主催者のお坊さんの事前資料を読み込んでいたら

「この人の恋愛コラム面白いな。単行本にしたら売れるかもしれない」

という、狙いがあったから。婚活パーティーの終わり、参加男性ではなくまさかのお坊さ

んに自分の名刺を渡して、出版の交渉を始めた。そんなたくましい商売根性が私をラストまで残したというオチだ。

他にも年上女性好き男子が集まるものや、サクラでもいくつかパーティーに参加したけれど、お勧めするなら安全性の高いこの会。ただ一気に数十人と喋って、神経と体力をすり減らすことになるので、トレーニングを万全にしておいたほうがいい。

〈地元お見合い制度〉

私の出身地、静岡県では教員を退職した人たちが無償で、結婚相手としてふさわしい人を紹介してくれるという、ありがたいお見合い制度がある。登録方法は基本的に一見さんお断りの紹介方式のみ。自分の地域の担当者に面会して、エントリーシートに必要事項を記入。そしてその場で、男性の紙資料ファイルを見てお気に入りをチェック。その後お見合いをするというアナログ方式なのだ。恋愛の相手もスマホアプリで探す時代なのに、徹底して担当者との対面方式を貫く。こういうブレない精神は共感する。

実はこの制度で友人が結婚をした。今では子宝にも恵まれて、幸せそうな生活を送っている。身近に成功者がいると聞けば、もうやるしかない。

「あの……そのお見合い制度を紹介してもらえないだろうか」

担当になってくれた元教員の女性は、こちらの意を汲み取ろうとするアンテナが鋭い人だった。おそらく我が母と同い年くらいなのだろうけど、そんなことを感じさせない矍《かく》鑠《しゃく》ぶり。やはり教育現場に長く身を置いていた賜物なのだろうか。

さらにこの女性のすごいところは、相談者に合いそうな人物をピックアップしてくるところである。これが驚くほど好みのツボを突いてくるのだ。

「……小林さんにはこの人が合うんじゃないかな」

そう勧めてもらった男性たちと会うことにした。

地元は静岡県でも仕事の都合で関東在住という、自分と同じような境遇の人が登録している。お見合いといっても、ふたりで待ち合わせてお茶やランチに行くようなライトなものらしい。

一人目は自由が丘のアジア料理店で会った、会社員。将来は地元に戻って両親と暮らしたいという優しい青年。仕事柄、知らない人といきなり仲良さげに話すのは得意なので、あれこれ話したことを覚えている。もしつき合ったら楽しいかもしれない？　という淡い期待も湧いていた。

が、数日後、あっけなく先方からお断り。担当者が伝えてきた理由は

「小林さん、まだお仕事を東京で続けたい希望があるんですよね。彼は帰郷希望があるらしくて。あと……その場で結構、お酒飲まれましたよね？」

確かに。土曜昼のランチであることに浮かれて、シンハービールをたくさん飲んだ。しかもすごく美味しかったことを覚えている。明るいうちに飲むアルコールの背徳感は、何物にも代えがたい快感だと信じて疑わない。

「初対面から、お酒を飲むのは（彼にとって）ちょっとダメだったみたい」

相手からの返事を受けて、狐につままれた状態の私。

この日の事件を友人に話すと、大笑いしながら

「そんな男ダメだよー。だって棺桶に入る寸前まで飲みたいって言っている女なんだから、昼間から飲むことをブツクサ言う男なんかとうまくいかないって！」

そう励ましてくれた。確かにそうだ。結婚相手とは生涯生活を共にするのだから、好きな

ものは認めてもらう必要がある。パートナーが下戸であろうと関係ないが、せめて私のエナジー源である飲酒には口を出さないでほしい。

とはいえ、人生最初のお見合いが男性側から振られるとは、切ない気分だった。

二人目は登録カードを見て、先方から面会の申し出があった。

ただあまり詳細を覚えていないほど、文化の違う人だった。当日中に私から断った。

三人目に会った男性は会社員。待ち合わせた駅の喫茶店が満席で、男性側から

「飲みませんか」

誘われて居酒屋へ。会話も盛り上がり、確実の恋の予感がした。帰宅後に初めて

「とても良い方だったと思います」

と、仲介担当者の方に報告。先方も同じく、ということで交際スタートになった……のだが、待てど暮らせど、男性側から連絡がない。

「(……何かあったんだろうか)」

不安になる。ただこういう時の『何か』は何もない。好きな男性からＬＩＮＥの返信がないと考えがちなパターンだ。でもそれはただの都合の良い解釈。本当の『何か』とは予期

せぬときに起きるものなので。

結果、私から連絡を入れると
「こういうのは年上の女性からリードしてくれるものだと思っていました」

そんな『1＋1＝3⁇』のような不可思議すぎる回答をされた。ただ彼より一歳年上なだけで、交際のイニシアチブをすべて年上が握れと言われてしまったのだ。

結果、『?・』を抱えたまま彼とは数回会ったけれど、最初のつまずきから立ち上がることなく、終了。私はお見合いのファイナリストにエントリーができなかった。


この制度、全国各地にすべて存在するとは限らないが、大変お勧めである。その昔、近所には『お見合いおばさん』がいた。年頃の独身男女を見つけてきては、強引にお見合いへ持ち込む。見合い用の写真撮影、紹介、お見合い当日の立会いまで無償で行っていたと聞いた。今も活躍してくれていたら私たちにとっては救世主のような存在だったのに……。

そのおばさんとこの制度は似ている。何より、地元ネットワークは安全だ。

本書内で、この『安全』『安心』という言葉はたびたび見かけていると思う。これは婚活をする際の前提として、憶えておいてもらいたい言葉。なぜなら、周囲で結婚後や離婚時に揉めた様子を見ていると、お家問題や金銭に関することがほとんどの別れる原因になっているから。愛を第一にして、相手の経済状況を始めとする素性を知らずに結ばれたことの悲しい付録だ。

結婚して3カ月後に旦那の実家が自己破産、入籍後に発覚した旦那の借金。新婚早々、金を借りに来る無職の兄弟など、バラエティ豊富なラインアップで問題が押し寄せてくるケースを幾度も見てきた。これが恋愛結婚の落とし穴だと思うけど、できればこういう問題は結婚前に処理をしておきたい。

でもお見合い制度であれば、処理が一部可能になる。仲介人の確かな目利きによって人物判断もされるし、実家のことも記入して登録をするので身元はお互いに知られているのだ。私は今回、成就とはならなかったけど、この制度でまた結婚のチャンスを密かに狙っている。

〈結婚相談所〉

今でこそ結婚ビジネスは多様多種化しているけれど、その先駆者といえば結婚相談所。これはあまりお勧めはできない。私が入会した会社だけかもしれないが、金銭に関するトラップが多く、いい思いをしなかったからだ。

40歳を迎えた頃、メディアでも何度か取り上げられている相談所に入会をした。当時はまさに背に腹は代えられない婚活状態であったことに加え、とりあえずやってみてダメなら、ライター業のネタにすればいいという気持ちもあった。

まずネット予約をして、事務所まで登録に向かうと、担当になるという妙に艶っぽい女性社員が登場した。話し方は化粧カウンターのBA風。終始、首を傾けて斜めにしながら話していたのはなぜだったのだろう。そういえば滝川クリステルを7割くらい崩したような風貌だった。

「私が小林さまを必ず、必ず幸せに導きます！　頑張りましょう‼」

この時点で、心はドン引きしていた。そんなこと赤の他人に思うわけがない。

その後、相談所のボスがご挨拶で登場。ディズニー映画のマレフィセントに雰囲気が似ていた。その場で、とにかく結婚を急かされた記憶がある。今さらながら、成婚料の30万円×2名分を狙った発言だったと思う。

登録後は毎日、相談所のサイトにアクセスをして、自分の好みに合う男性会員をひたすら検索する。そしてタイプの人にマッチングを求めて、ひたすらハート（好意）を送り続けるのである。

「（え、こんな好条件の男子がいるわけ？）」

疑う人物も多々。ただ登録男性会員数が多すぎて、スマホを見ていると、だんだんノイローゼ気味になってきていた。

何度か男性側から申し込みがあったけれど、どれも希望している条件とは180度違う人物。それでも艶っぽい担当者は、

「こんなに良い条件の人なんて、もう出てきませんよ！」

毎度力強く私に推してくる。『担当＝営業マン＝インセンティブ』の公式が見えてくる瞬間でもあった。

めんどくさいこともあった。適当に男性を選んでいたら、思いがけずマッチング。でもそんなつもりはないと断ろうとすると

「マッチングしたものを解除するのには5万円かかります」

と、通達が届いた。そんな話は聞いていないと抗議しても、結婚相談所は牙城を崩さない。それならばとその男性と会う。タイプでもない人と会ったところで、1ミクロンも話は盛り上がらず、無事に先方からお断りがきた。ただこの一件で相談所は退会しようと決めていた。

その矢先、銀行口座から勝手に相談所の更新料が引かれていることが発覚。

「いい加減にしろ‼」

電話越しで怒鳴ったのは久々だった。さらに相手が怒っているのを分かっていながら、まだクロージングトークをしてくる。我慢の限界。もちろん、退会。

この相談所に支払った金額は入会金諸々の12万円くらいで、高い勉強料になった。

こんな経験談なので結婚相談所への入会を勧めたくはない。当時、結婚相談所に入会していることを誰にも話さなかった。やはり金をかけた出会いとは、風俗と同じでどこかに後ろめたいものがあるのかもしれない。

努力と根性の果てに見えたもの

……と、ここまでが僭越ながら私の婚活による経験談だ。

他には最近の出会いの主流になった、マッチングアプリにもトライした。何人かはやり取りをしたことがある程度で、歴史は止まっている。でもアプリを通じて結婚している知人もいるので、侮ることはできない方法だ。

男友達を紹介してもらうこともあったし、合コンには20代から数え切れないほど参加をした。婚活居酒屋へも出かけた。それからパートナーがいないと、飲みにいくだけで何かを期待している自分に気づく。そんな生半可な気持ちで酒と向き合うのはどうかと思い、浅はかな意識はすぐに消した。

思えば子どもの頃から飽き性で、習い事は苦手だった。運動も好きではなくほぼ帰宅部生活だったので、努力することをあまり知らずに育った10代。そんな自分が20歳から20年間、ひたすら『結婚』の2文字を追い回して努力していたのかと思うと、表彰状を贈りたい。

そして散々、手を尽くして気づいたことがある。

「結婚がしたいわけじゃないんだ。結婚という法的手段を使って、好きな人を羽交い締めにして一緒に生活をしたいだけなんだ」

お見合い諸々で会った男性たちは、どれも昼間の爽やかな雰囲気で会っていたので、色気を感じることは皆無だった。やっぱり男女の出会いには艶っぽさが欲しい。

「……この人と夫婦生活？　いやその前にハグすることが想像できない……」

自分の男性を選ぶ基準がスキンシップだということを、努力の果てに知ることができたのだから、それで良しとしている。

人それぞれに方法は違うかもしれないけれど、私たちはそれなりに時間と金をかけて、結婚するために努力を重ねてきた。

そして踏ん張ったことによって、結婚に対する意識も少しは変わっただろうし、何か得るものがあったはずだ。ちなみに私は、こうして経験談を後輩に引き継ぐことに感動している。

そして時には、努力してきた自分を褒めたい。

「よくやったよね？　休みの日にぐーたらしていたところを、男ウケしか狙っていないようなコーディネートで出かけて、さらに愛想も振りまいて。頑張った、頑張った。この努力、どこかで報われないわけがないから」

3　あこがれのバツイチ市場

　2007～09年、『首都圏連続不審死事件』が起きた。未婚男性がとある女性に貢ぎ、次々に自殺を装わせて殺害された事件である。その女性＝犯人は、木嶋佳苗。現在、死刑執行を待機している。この事件云々の話をしたいわけではなく、木嶋の人並み外れたモテっぷりに注目したい。

　メディアに露出されている彼女は、どう見ても可愛らしいとは言えない容姿。恰幅《かっぷく》の良い体型、二重顎とほうれい線が目立つ、生活に疲れた中年の風格を漂わせている。それでも数々の男を手玉に取り、三回の獄中結婚をしているのだ。シャバで生活している私たちが一度も結婚していないのに……？　獄中とあれば、性行為はおろかスキンシップもないはず。それがホップステップジャンプを飛ばして、突然の結婚とは想像の範疇を越えている。時間と金をかけて努力を続けた身からすると、まるで腑に落ちない超常現象だ。ただ木嶋がとんでもない（意を決してこの言葉を使うが）女子力を持ち合わせていたことだけは間違いない。

今まで女性雑誌で『モテ』『恋愛』『結婚』に関する記事を、記憶ができないほど制作してきたけれど、木嶋という逸材の右に出るものはいない。

くだらない話だが日本国内では女性が若くてあざとささえ持っていれば、男性からモテるという理論が脈々と続いている。実際私も過去に

『飲み会ではさりげないボディタッチが効く♡』

『やっぱり男子が大好きなシャボンの香りがモテの秘訣！』

『ふんわり巻き髪とツヤツヤヘアで、町の視線は私に集中』

と、魔法か催眠術がかかっていたのかと、疑念を持つような記事を作っていたことがある。ただこの法則が絶対的であると信じて制作していたことを、当時の読者の皆さまに伝えておきたい。

木嶋はこれらの法則を叩きのめすかのように登場した。まさに女王降臨である。そして『結婚』をまるでゲームであるかのように繰り返している。その様子から気づいたのが、結婚とはある一定のバツイチコミュニティ内で巡り巡って、回っているものではないかと

いうこと。

拮抗する結婚と離婚と

離婚をした人は何度でも結婚を繰り返す傾向が強い。そして当たり前のように何度も私たちを結婚式に呼ぶ。以前、スタイリストの友人が再婚をして、2回目の式に出席した。テーブルに着席すると知人のカメラマンがいたので

「あ、どうもお久しぶりです。えーと、前に会ったのはどの現場でしたっけ？」

と軽い挨拶。そして数秒後にその現場が2年前、本日の主賓による1回目の式を挙げた会場だったことに気づいて口をつぐむ。

仕事で知り合った女性は、入籍1カ月後にスピード離婚をした。出席者も着ていく洋服の用意や、スケジュール調整を始めている頃に訪れた、突然の一報。ちなみに私は披露宴の挨拶まで頼まれていた。原因は女性の浮気。青天の霹靂《へきれき》に自我をコントロールできなくなった夫（に一瞬だけなった人物）は、半狂乱に陥ってしまった。私を含めた周辺の人物に「あいつ、ちょっとおかしくなっただけなんですよ。すみません、結婚式はちゃんとする

のでよろしくお願いします」

そう連絡をしまくっていた。彼の哀願に対応しているこちらも辛かった。

結果、女性は一年後に浮気相手と入籍。そのふたりが別れることも時間の問題の気がしてならない。

勢いで結婚をして、3年間の結婚生活は浮気だらけだった知人女性。それまでも

「恋愛に心は必要がない、性欲さえ起動していれば問題がない」

と豪語していた。確実に3桁の男性を記録している。当たり前だけど、慰謝料を支払う形になって離婚。が、その直後に本当の恋に目覚めてしまい、イケメンへアメイクを仕留めていたので、お見事としか言いようがない。彼女の何が起動したのかを知りたい。

こうして結婚を何度も繰り返す男女が存在する。40歳を超えて一度も結婚をしていないと言うと、誰からも選ばれなかったのだと判断されがちだ。そんな意識に苛《さいな》まれたこともあった。未婚の友人と

「バツイチキャラのほうが、結婚に近づくのではないか」

真剣に相談をして、飲み屋でバツイチのフリをしたことがある。でも半同棲経験しかない

ような私にはそのハードルは高く、バツイチキャラは1時間足らずで終わった。

　こんな時代に、結婚生活の継続だけを求めるのもおかしい。だからバツイチの女性を否定するつもりはないし、むしろ肯定をしたい。でもせめて、その何度も結婚に男性を向かわせる極意だけでも、私たちに伝授してくれないものか。

コラム
"あかん男"たち
5

笑顔の押し売り男
秒で世間から逃げる

昔から『笑う門には福来たる』と言われる。確かに笑顔は好印象度が2倍増しくらいになるし、口角もキュッと上がるので、若く見られる利点もある。でも終始、笑顔が止まらないのは逆に不可思議な印象を残す。それだけではなく、他人には相談できない秘密を抱えていそうな気がしてならない。

笑顔の押し売りに不信感を抱いたのは、ほとんど接客業の人ばかりだ。愛想の良さを求められることの多い職業だからこそ、おかしな態度をしていると目立つのかもしれない。まずは石原軍団のような風貌をした、焼き鳥店の男性店員。要はそこそこの色男なのだけど、

「久乃ちゃん、今日もいらっしゃいませ！」

そう言う時の、何か企んだような笑顔が引っかかっていた。でも、いつも私に対しては信じられないくらいの好待遇だったので、特に文句はない。むしろ感謝をしなければと思うほど、優しかった。でも

「ボク、久乃ちゃんのためなら何でも作っちゃいますよ！」
もうやめてくれというほどの、したり笑顔で、リップサービスは止まらなかった。
きっと他の客にもしていること。でも何故、胡散臭さが漂ってくるのか。

それから数年が経過して、店にも街にも彼が慣れ親しんでいた頃。客の間で
「あの店、最近値段が高くないか？」
そんな噂が立つようになった。会計時は合計金額を見せられるだけだし、酔っているので財布の紐も緩くなっている自覚はある。でも言われてみれば、やけに高い。

その真実は店員の男性が握っていた。常連客の会計から数千円～数万円を割り増しで請求して、そのプラスアルファをすべて自分の懐に入れていたことが発覚。毎月多ければ数十万円近くが、税金のかからない彼の収入源になっていたのだ。社長には正規の売り上げ金額のみが報告されるので、不備はない。したり笑顔の行方はここにあったのか。

そのことが明るみになった後、彼は店を去った。そして街からも出ていくと思いきや、ほんの3駅先で焼き鳥屋を開店したと聞いて、その神経の図太さに驚かされた。むしろこういう男は、狂気さえも秘めているのかもしれない。きっと開業資金はくすねた金。そして私が彼から嗅ぎつけていた胡散臭さは、悪臭だったに違いない。

マッサージを受けるために通っていた店の男性整体師さんのこと。彼も異常なまで

の終始笑顔だった。施術中に客が寝ている間も笑っているのかと思わせるほどの、くしゃ笑顔ぶり。それだけではなく、客に対して

「かしこまりました！　お気遣い感謝申し上げます！」

フランクな店なのに丁寧語、尊敬語、謙譲語のフル活用。その様子があまりにもおかしく、無理をしていそうに見えたので、疲れないのか？　と聞く。

「わたくし、こちらのほうが楽なのです！」

またスマイルアンサーが戻ってきた。マッサージはうまかったのだけど、彼は入店から3カ月で突然店から去ったらしい。

他にも、会話の最後に必ず

「ウヒヒ」

と、笑っていたジムのトレーナーも記憶にある。彼も入店から数カ月で辞めていた。

笑顔が決して悪いとは思わない。でもこの10年近くで見てしまった、過剰な笑顔接客をしてくる男性店員たち。あきらかにストレスが溜まっていそうだった。笑顔というヴェールで隠す本音、いや本音が見せられない自分……？　と疑問は広がるばかりである。

パートナーがやけに笑顔を絶やさないようになったら、要注意を。

コラム
“あかん男”たち
7

「（笑）」「！」が好きすぎる男
何かと許容範囲が狭い

文筆を生業にしていると、届くメールやLINEの内容がつい気になってしまう。使っている言葉、文体、スタンプなどから、何となくパーソナルデータを想像してしまう、いやらしい癖がある。同様に街中のポスターなどを見ていても、つい誤植を探して、見つけると勝ち誇る癖もある。職業病の症状がてきめんに現れる瞬間だ。

そんなチェックを怠らずにいたら、ふたつの記号の多用から、ある男性たちの性格が垣間見えてきた。

『こんにちは！　めっちゃ暑いですねー！　もう嫌になります!!　小林さんはお仕事で忙しいですか!?　実はちょっとお誘いしたいイベントがあって連絡しました！』

ある男性からこんなメールが届いた。広告関連の仕事している男性なのだが、PCメールでも、LINEでも『！』の数が多い。

一般的に『！』は『ビックリマーク』と呼ばれることが多い。ただ出版業界では『アマダレ』と呼ばれていて、主に感情が高ぶった様子を文章で伝える時に使う感嘆符のことを指す。ただ文章を書く立場の人間は、頻繁には使用しない。よく使うとしたら、脚本執筆だろうか。

「ずっと信じていたのに、浮気なんてどういうつもり!?」

「おまえが犯人だったのか!」

記号の効果を高めるため、ここぞ! という時に用いるケースが多い。

それがメールの普及、個人によるSNSを通した文章や写真の発信が多く見られるようになってから、文章へガシガシと参入してくるようになった。おそらく『句読点』としての認識で『。』と同じラインにある気がする。もしくは絵文字と同じ、記号だと思っているのだろうか。

前出の男性を始め、この『!』乱用をたまに見かける。

そして会うと皆、理由もなく焦っている人が多い。せっかちというよりは、相手に気を遣いまくった結果として、焦燥感がこちら側に伝わってしまう。

『!』という、この元気すぎる句読点。文脈を考えずにぶっこんでくる男は、一歩引いて客観視することを勧める。焦っている男と一緒に過ごすのは疲れるから。

『ライターさんなんですね（笑）僕はコンサルやってます。忙しいんです（笑）』

数年前に真剣婚活をしていたときのこと。ついに婚活アプリに手を出して、メッセージをやり取りした。アイコンの本人の写真は、ロバートの秋山がやや痩せたような男性。彼は大量の『(笑)』を使ってくる男だった。

『(笑)』はここ20年くらいで使われるようになり、『!』と同じく、SNSの普及によって一般化された。決して文法の一部ではなく、造語に相当する。本気で笑っているというよりは、嘲笑する意味として発信されることもある。

ただそんな詳細まで把握をして使っている人が少ないことも知っている。おそらく乱発をする彼としては、自己表現のひとつだったのでは？ と思う。もしくは
『おはよう(笑)』

『インドア派なんですか！ 僕はどちらかといえばインドア派ですね(笑) 気が合いますね(笑)』

こんな調子だったので、句読点だと思っていたのかもしれない。

でもどうも鼻につく。『(笑)』のせいで、文章が訴えるべき要素が全く頭に入ってこない。結局本人と会うことはなかった。年収が高いとか、港区に住んでいるとかいうことをアピールしてくるので、ケツの穴のちっさい男だったというのが私の予想。

文章とは自分が予想する以上に、パーソナル情報を漏らすものだ。そして雰囲気で使いまくっている記号の数々は、時に醜態をさらすことになることを、覚えておいて損はない。

結

未婚で幸せに暮らしていく
それなりの条件を

結婚するのか、しないのかと言う選択権。これはすべて自分の手元にある。誰かにゆだねるものではない。

「こんな自由になった時代なのだから、好きかどうかも分からない人と無理をして結婚する必要なんて全くない」

決意をするのは構わない。なんなら、学生時代の体育祭のように選手宣誓をすることだってOK。

「宣誓！　私たちはシングルウーマンシップに則り、正々堂々と人生を楽しんで生きることを誓います!!」

ただこの選択、すべての女性に適合するわけではない。

ひとりで楽しく生きていくのなら、それなりに条件がある。例えば、今まで一度も実家を出たことがない、ひとりで生活をできる稼ぎがない。そんな状況下にあるのなら、あと30年後に向けて生活を変えていく必要がある。自分の絶対的サポーターである両親も、いつまでも健在でいてくれるわけがない。友人はあくまでも友人だ。生活圏の中に土足で入り込んではいけないし、一定の『距離感』が必要。これがあるからこそ友情は育まれて、続いていくのだから。

既婚者であればなおのこと、これから並べていく10の法則に近づいていく必要がある。これまで友人たちが、離婚によって奈落の底に突き落とされる瞬間を見てきたからだ。

底から這い上がってくるには、体力のみならず、傷ついた女性に知力と経済力を要求してくる。世間というものは優しいと見せかけておきながら、実はすごく厳しい面を持つ。そんなときにひとりで楽しく生きていく術を知っておいて損はない。

職業柄と図々しい性格のお陰で、たくさんの人間模様をしげしげと見つめてきた。さらに自身が経験した盛大な裏切りや歓喜など、色々な要素をミックスをして編み出した『独身でも楽しく生きていく条件』の10の法則をここに記そう。

1　他人に誇れる仕事を持つ

『いい仕事』とはどんな仕事なのだろう？

一般的には賃金が高いことや安定性が求められる、私たちの住む日本。毎年、そのシーズンが来ると、着せられた感満載のリクルートスーツ姿の就活生を電車で見かける。見るたびに思い出すのが

「大人って、なっがいよ〜」

安藤サクラさんが清涼飲料水のCMで言っていたセリフだ。そう、大人期間はむちゃくちゃ長い。そのことを喜ぶべきか、それとも義務として捉えて重く受け止めるべきか。その人次第だけれど、私たちには今後、相当な年数を生きるという共通認識がある。『人生100年』ともささやかれているので、明日明後日に命絶えるとは思っていない。そのなっがい年数を支える軸が『いい仕事』だ。

ここでは働いて、老後までに2000万円を貯めましょうという壮大な夢や、年金、保険といった現実的なことを語らう予定はない。

独身で仕事を続けていくときに必要なものとは？　を考えていきたい。

まずひとつ目に挙げたいのが、今、自分の仕事を他人に誇れるかどうかということ。仕事は会社員でも、私のようなフリーランスの立場でも同じく、評価によって自信が積み重なっていく。それが誇りの材料だ。

例えば私なら、読者から褒めてもらえれば嬉しいし、酷評を聞けばやはり傷つく。仕事の発注もクレジットを見て、わざわざ自分の名前を調べて連絡をくれるクライアントさんたちがいると、正直に言おう、アガる。初めて打ち合わせをするときは、平静を装うことに苦労するくらいだ。本当は満面の笑みで話したいけれど、真剣な場所でそういうわけにもいかない。

人から自分の仕事を問われたときに、胸を張って自慢をする。相手がどんな風に思うのかなんて気にすることなく、自分の仕事の『未来』をプレゼンする誇りをあなたは持っているだろうか？

その労力、日本の宝です

24時間のうちで一番多くの時間を費やすのが仕事なのに、義務と惰性で出勤しているのはもったいない。よく

「月曜日が来なければいいのに」

と、聞くけれど、それも月曜日がかわいそうな話だ。一週間の曜日のうち、たまたまトップバッターになっているだけで、世間から盛大に嫌われているなんて、当の月曜日も納得がいかない。そんなことを思って許されるのは義務教育までのことで、大人なら敢えて口に出すことでもない。自分が少しだけ視座を変えて、

「ああ、月曜日か。明日からも仕事ができるのだから頑張ろう」

そういう気持ちになってほしい。働けるというのは、幸せなことなのだから。

働き方は自分に合わせてカスタマイズできる時代だ。会社員、自営業という大枠だけではない。会社員なら副業、フレックス制、それからリモートワークと働き方が選べる。雇用側だけではなく、労働する側にもドラフト指名権が渡されているような好機も訪れてきているのだ。この環境を利用しないのはもったいない。

収入を得ている以上、微量でもストレスはある。時にはそれが原動力となってくれることもあるけれど、予想以上に女性の体はデリケート。そんなストレスが健康を蝕《むしば》む時もあるのだから無駄に量を増やしたくない。せめて

「仕事が嫌だ」

そんなことは女性に思わないでほしいと願わんばかりだ。どうかストレスを積み重ねないように早めに自分で大人の対策を立てていきたい。

そしてほとんどの人がどこかで

「自分は雇われている」

という感覚があると思う。それは決して間違いではない。ただ嫌でも耳に入ってくると思うが、現在の日本は空前の人手不足。労働力の価値が、10年前とは比にならないほど上昇している。だから少しは自分のことをおごってもいい。会社にとっては代打の利かない宝のような存在であることを一度、再認識してストレス軽減のひとつに挙げてはどうだろうか。

できること、やりたいことを主張して、働く環境を選ぶ、作る。それでも嫌悪感が消えないのなら、転職サイトに相談だ。

私のプライド

酒場で知り合う会社員女性から、よく言われる、聞くフレーズを。隣同士になったひとり客同士、なんとなく自己紹介をして職業がライターであることを明かす。

「自分で仕事をしているなんて、すごいですよねえ。私には無理ですぅ」

褒めてもらってありがたい話なのだけど、フリーランスになったことも決して目指していたわけではなく、結果論だ。そして話はパターン化されているように、こう続く。

「私なんて、ただの会社の事務だから……」

「私なんて、派遣で働いているだけなので……」

皆一様に語尾がだんだんはっきりしなくなっていく。

この『私なんて』と自らの仕事を卑下する根拠はどこにあるのだろうか。フリーランスなんて聞こえはいいけれど、フリーターと身分は寸分違わずだ。保障もなければ、明日廃業になってもおかしくはない。時に衰退しそうになるやる気を支えているのは好きなことをしている、ということだけ。

そんな私からすると、会社員のみなさまは毎日同じ場所に出勤して、団体行動を取れているだけでも、ものすごいレベルの尊敬に値する。

例えば営業職、クリエイティブ、医療系といった表に出ていく職業が偉いわけではない。よく酒場で愚痴を聞く、内勤といわれる事務職や経理の仕事は一見して地味な印象があるだけで、実は世界レベルで自慢ができる立派な仕事だ。

人が生きていくうえで必要になるのは、居場所があること。それをキープしてくれるひとつの手段が『いい仕事』。そこには社歴も給料格差も、仕事内容も関係ない。こだわっている人は過去の栄光にすがっているようにしか見えない。

よく会社員の友達から、

「人事異動で希望通りの部署に行けなかった」

「希望セクションを外された。降格ですよ、僕は」

という話を聞く。でもそれはたったひとつの組織内で起きたこと。その場所だけで生きていく必要性はどこにもない。ダメなら自分のことを迎えてくれるスペースを探せばいいし、なければ作ればいい。

時代が個性の尊重に動き始めていることを感じる昨今。今のポジションに胡座をかいている場合ではないということを、みなさま、お忘れなきよう。

2 自分の体を自分で守る

女性雑誌の現場での会話も年齢とともに変化する。いわゆる赤文字系の雑誌でライターをしていた頃は、おいしかった店や化粧品、ファッションと誌面がそのまま飛び出してきたような、洒落乙な会話をしていた。それが加齢とともに30〜40代向けの雑誌に呼ばれるようになると、会話の内容は変わってくる。メインテーマが
「どこの病院の人間ドックが良かったか」

にある意味ランクアップ。そのほか日々の健康法や、薬の効能なども会話に出てくる。

撮影現場にはフリーランスのスタッフが集まる。代打の利かない職業だ。必然的に体調管理には気を遣うようになる。皆、個人で病院へ通い、アンテナを張って体にいい情報を集めているのがよく分かる時間だ。

ここで私の続けている健康法を少し紹介しよう。まず人間ドックと区の健康診断は、年

イチで受診。それからもう10年以上もお世話になっている婦人科で、定期的にメディカルチェックを受けている。70代のおじいさんドクターだけど、こちらの性格まで把握してくれているので、些細な不調も相談できる強い味方なのだ。一度、大きな仕事を終えた脱力感から、体に力が入りづらくなったことがあった。

「あなたは、燃え尽き症候群ですからねえ。ちょっとは加減して仕事をしないと」

そう言いながら、治療の点滴を打たれた時、心がすごく落ち着いたことを覚えている。いわゆるかかりつけの医者は、独身であればひとつあると安心だ。

この医院で処方してもらうホルモンを整える加味逍遙散《かみしょうようさん》と、アレルギー体質を改善するための小青竜湯《しょうせいりゅうとう》を1日3回、時にピルも服用している。ただ医師が高齢を理由にいつ閉院するのかということが、目下の私の不安でもある。どうか先生、1日でも長く続けてほしい。

それから朝起きるとマヌカハニーをひとさじ舐めて、ミドリムシのサプリメントを飲む。あとは鍼とマッサージ、週2回くらいの筋トレ。不調を感じたらすぐに病院へ行き、歯医者と皮膚科で月イチの検診に通う。

ちなみに医療系は、国民健康保険適用範囲内を基本にしている。実費で支払う事態に備えて、普段は出費を抑えておく。皮膚科も美容系の医院ではなくて、近所にある個人医院へ通っている。肌のトラブルは化粧品が解決してくれることもあるけれど、医療を頼ったほうが断然早い。肌が乾燥しているだけでも、専門家の指示を受けられて解消ができる。この乾燥が将来的に皮膚炎の引き金になることもあるし、何より肌の見た目は、メンタルに直結するので、なるべくきれいにしておきたい。

病院は予約制がほとんどで、予約ができない場合は待合室にパソコンを持ち込んで時間を潰す。決して多くの時間と金はかけていない。周囲の働く母ちゃんたちが、もっと数多くの健康法に手を出しているのを見ると、まだコンテンツを増やすことができると信じている。

医療費とは未来の自分への投資

会社員なら、年イチの健康診断があるだろう。おそらくこの1回の検診で、自分の健康状態を確認していると思うが、集団でチェックをして完璧に検診ができるのだろうか？

悲惨な事実と呼びたいが、平和そうに見える日本でも医療に関しては、金と知名度次第で高度なものが受けられる。例えば私が健康診断で受ける血液検査も、区で行うものはほんの数種類の分析結果のみしか知ることができない。これが実費で数万円を支払って、血液検査を民間業者に依頼すると、数え切れないほど細かな種類の結果が出てきたことがある。人間ドックでもバリウムを飲むのが苦手だと言うと
「プラスの料金を支払ってもらうと、血液検査だけで胃の検査が終わりますよ」
検査員に笑顔で言われて、プラス1万円を支払ったことがある。政治家の特別待遇とまで話が飛躍しなくても、私たちの間で受診格差があることを覚えておいたほうがいい。これからひとりで生きようとしているのなら、メディカルチェックの重要度は上がってくる。個別医療費は未来への投資と捉えて、自分の体に足りていないもの、欲しているものを探そう。
限られた休日を病院通いに使うのは忍びないという意見、ここでは通用しない。私たちが気にかけたいのは、今週の自分ではなくて、30年後の自分なのだから。

そのほか、私が食生活で気をつけているのは食品添加物をなるべく避けること。数年前に健康に関する書籍を制作して、添加物が体内に及ぼす危険を知ってしまったときから、コンビニ惣菜も食べなくなったし、ペットボトル飲料は水しか飲まなくなった。それから納豆を1日1パック食べる生活は、おそらく20年以上続いている。
こうして並べると健康オタクと呼ばれるにふさわしいかもしれない。でも、健康法には、

人によって合う、合わないがあることを知っているし、誰かに強要することはない。

と、まあまあ、大きなことを言ったけれど、私が健康オタクである理由に『酒を躊躇なく飲みたい』がある。普段はしっかりと健康に注意するので、羽目を外す時はドドン！といきたい。そのための対策だ。

そう、健康法＆メディカルチェックはあくまで自分に合ったものを選ぶ。ダイエットと同じで、続かなければ合っていないのだ。その人なりの方法があればいいと格好をつけて、話を締めておく。

3　実家女子からの卒業

もしあなたが30歳を過ぎて実家住まいをしているのなら、今すぐにでも家を出て行ったほうがいいという話をしたい。

30代前半のときにつき合っていた男性が実家住まいだった。静岡県の田舎から都会に憧れて、貯金を崩して上京してきた身分だ。東京に実家があるという財産を非常にうらやましく思った。それまでは田舎の考え方の『結婚するまでは実家に住むほうがいい』という刷り込みがあったからだ。俄然結婚をする気満々だったので、むしろひとりで生活していることに疑問を持っていたかもしれない。

ただ反するように、自分で生活をすることで家事も覚えるし、生活費のことも知ることができた。実家で生活していた頃は会社員という立場に酔っていて、母親に家事は任せきり。なんと自分が甘い考えだったと、反省が続いていた。

そんなある日、元彼が何気なく言った
「水ってさ、東京都が運営していて、無料で蛇口から出てくるんじゃないの？」
この質問に時間が止まった。
「あ、いや2カ月に1回は料金を支払わなくちゃいけないんだよ？」
そう返事をしたが、内心は
「(は？　ちょっと待って、水がタダなんてどんだけトンチキな話ですか。あんたが仕事が終わってウチに来て入っている風呂、金がかかっているのよ。2カ月に1回、4000円くらい引き落とされているんだけど、それ少しは払ってくれるのかなあ？)」
そう思っていた。親の庇護の元で長く育つと、とんでもない坊ちゃんができあがることを知った瞬間だった。

彼は例外だったわけではない。40代で実家住まいをしている社会人は、かなり多い。団塊世代の両親が元気に退職後も働いていることが理由のひとつでもあるけれど、彼らは口を揃えてこう言う。

「(家を出ていく)理由が必要もない」

いや、理由や必要性は十分すぎるほど揃っている。

今、自分が生活している家は両親が形成したもので、あなたが作ったものではない。ほとんどはご両親が今のあなたの年齢の頃に、自ら手に入れたもの。実家に生活費を入れていると言うけれど、その金額だけでは現実的に生活をしていけない。家賃、光熱費、生活費。その上に自由に使える資金が浮上する。

そして実家に住んで給料が丸ごと自由に使える状況は、そう長くは続かない。両親は自分よりも必ず先に逝くからだ。いざそうなったときに何もできず、プチパニックを起こす中年が多いとも取材で聞いたことがある。

最近は同年代から実家暮らしだと聞くと親御さんの介護をしているのかと思うようになった。いい年、というのはそういうことだ。まだその両親を頼って生活していると聞けば、周囲からの見られ方も変わってくることを自覚したい。

実際、家族と住んでいると寂しくないし、焦燥感がいつの間にか減少する。この寂しさが、恋愛、友情を育んでいくことに大きな意味を持つのだから、実家住まいは独身者にとってふさわしくない環境と言える。男性側も誘いづらいだろうし、女性側にしても、気に入った男の子を連れ込む場所は恋の必須アイテム。いきなりラブホテルや旅行に誘うのはハードルが高すぎる。

まずはひとりで暮らす。自分の城を作る。話はそれからだ。

いつ自宅に人が訪ねてきましたか？

そしてこれは現役ひとり暮らしのみなさまへ。

年を重ねるごとに快適になって、さらにこだわりも増えていると思う。生活リズム、家具、食事。そう、日本の総面積38万平方キロメートルに対して、わずかながらの独占スペースが、他人の介入を許さないほど快適になっているケースがある。独身で生きていくとはいえ、恋はするだろう。いや、するに決まっている。時には男性に上がり込んでもらって、生活に対する柔軟性を養いたい。他人が自分のスペースに介入するストレスに慣れることも必要だ。独身生活はいつ終焉を迎えることになるか分からないのだから。

さらに私の場合……でもあり、心当たりのある人もいるだろう。部屋が自分の仕様になりすぎていて、家事の手抜きのプロになっていないかということ。いや、格好つけすぎた。要は部屋が散らかっていないかということには注意したい。すべてが手の届く範囲で食事をしていたら、危険信号発令である。

私のように手抜きのプロの階級がだいぶ上がると、洗濯物も干している段階、乾燥機から取り出して着ている。食器洗いはなるべくまとめて1日1回が基本だ。時短とだらしなさはいつも表裏一体になっているので、なにかと人間としての危険度は高い。
とりあえず女性と思われたまま一生を終えたいので、定期的に飲み友達を自宅に呼んでいる。大人数が集まれば、掃除も整理整頓もせざるを得ないので、この作戦によって人としての尊厳がギリギリ保たれている。

人と交わろう、適度に。

両親とは離れよう、適度に。

4　ネオン浴をしよう

ひとりで住まいを持つのなら街灯が輝く、都市部を選ぼう。

結婚することが絶対的ではなく『人それぞれ』論が、世に浸透しつつはある。でもまだ田舎の爽やかな空気は、そんな風潮を受け入れてくれていると思えない。

私もど田舎に住んでいたので、状況は分かる。夜22時を過ぎると、もう誰も外を出歩いていない静かさ。歩いていて出会うのは、タヌキかイタチかハクビシンだった。ありとあらゆる個人情報が近所中にダダ漏れ、休日にすっぴんジャージでコンビニまでは行けない環境。ただそのコミュニティに助けられることも、子どもが育てられる温かさがあることも知っている。

都会で生まれ育った人には信じがたいと思うけど、自宅に知らない子どもが突然入って来るのは日常だった。近所の庭と道路はすべて子どもの遊び場で、おやつも普通に近所の人からもらっていた。特に私の実家は友人たちの溜まり場と化していて、当の私がいないのに友人が我が家に来てウチの両親と食事をしたり、遊びに行っていることも普通。今だに友人は、私が知らない間に実家を訪ねている。

そういう心穏やかな生活環境は、結婚をして所帯を持ってから大事にしたい。そこで提案したいのが、地方都市に住んだとしても独身なら駅前に部屋を借りること。どんなに田舎だと言っても、せめて駅前にはネオンがある。ないのなら、あるところを探す。ネオン皆無ということはさすがにない。少しでも中心部に住んだほうが行動範囲も広がるし、情報の流れ方も限界集落とは比べ物にならない。

最近では地方に住んで、都会で仕事をする『デュアルライフ』も増えてきた。通勤時間は長くなるけれど、勤務形態も選べる便利な時代なので、広く住みたいと思うなら、田舎はもってこい。仕事で都会の刺激を受けることもできる。

このシステムを知ってから、私も興味があって、地元の浜松市に住んで、必要に応じながら都会へ出て行くスタイルを将来の一案に入れている。Uターン生活をすることは良くても、問題になってくるのが仕事のこと。やはり人と情報にまみれた中での仕事は楽しいし、スピーディーで面白い。

一方、地方での仕事は一旦、自分の手綱を緩めなければいけないことになる。

東京での会社員生活を経て、地元に戻って就職、結婚をした友人がいる。戻ってからは『東京で仕事をしていた』というだけで社内からおかしなレッテルを貼られて苦労したという、なんとも切ない話を聞いた。Uターン就職をすることで、『強調性』から『協調性』へと求められるものが変わったわけだ。それも郷に入れば郷に従えと考えて、否定をすることでもない。逆パターンのトラブルだって、当然のように勃発している。

ただ時代は変わっている。仕事は都会から田舎へ持ち込めばいいいし、通勤するための交通手段も増えた。飛行機に至っては、時季によってだいぶ安く乗れることもあるので利用しない手はない。


日光浴なんてどこでもできるけれど、ネオンを浴びることはなかなかできるものではない。自由な身分の特権を利用して、週末はお洒落をして出かけたい。かの有名なシンデレラだって、夜遊びをしたから王子様に巡り会うことができたのだ。

休日前夜のあのワクワク感、忘れないで。

5　コミュ力を鍛える

「私、ひとりでご飯を食べるのが本当にダメな人でー」

バブル期の残骸が言うようなこんなセリフは、もう許される時代ではないのだろう。毎日、自分の食事に進んでつき合ってくれるのは、肉親くらいだ。

これから単身で生きていく可能性があるのなら、『ひとり行動』では少しでも多くのコンテンツをクリアしておきたい。何より、ひとつでも多く行動ができるようになると、いくつもの危険回避ができる。

その危険について。私のように個人で仕事をしていて、原稿の締切に追い詰められる時期になると一日中、人と話さないことが多々ある。もっと言えば、家から一歩も出ないことも。経験上、これは非常にまずい。まずは使わない表情筋が重力に勝てず、下垂して、ほうれい線がぐんぐん育つことになる。それから、人と交わらないというのは、情報にも少しずつ遅れていくことになるのではと危惧している。

会社員だからと言って安心している場合でもない。毎日、同じ通勤路を使い、ある一定のゾーンで人と話すことを繰り返していると、いつの間にか語彙力と記憶力が減っていく。よく年齢を重ねると

「あれ、あれはなんだっけ？」

話したくても出てこない言葉に戸惑う。さらにまずいのは酔っていたらまだ許せるけれど、同じことを何度も話してしまうと相手から言われる現象。

（ごく一部にて）著名人の見た目が老け込まないという。あれらは毎日違う現場で、365日違う人たちとコミュニケーションを取るような刺激に加え、周囲から見られているという意識によって形成されている賜物だ。

友人も恋人もずっと自分の側にいてくれるわけではない。自分が作った家族というコミュニティに属していないのなら、必ず単独で過ごす時間は増えていく。

これらの身震いするような状況から離れるために、まずはコミュ力強化だ。

「私、超がつくほど人見知りな人で……」

残念だがこのお悩みを聞いている時間はない。

行きつけ店という名の避難所

コミュ力を簡単に鍛えられる訓練の一環として、まずは行きつけの店を持つ。

いきなり店員と仲良しになれ！　とまで言わないので、まずは自分の名前と顔を認識してもらうところから始めよう。

手っ取り早いところで、カウンターのある居酒屋にひとりで入店する。

「え……、私、そんなことできなくて……」

悲しい声が聞こえてくる気配がする。僭越ながら私は、とある町を飲みの主戦場にしている。自分のことを認識してくれる店が、まさかの20軒近くも存在する。飲み屋以外の店も入れると、もう少し店舗数は増える。10年近く、コツコツとひとりで遊べるエリアを拡大させてきた。

そんなちょっとした先輩からコツを伝えると、まずはカウンターのある店に友人と何度か訪問する。それも店員さんに自分と同い歳くらいの人がいると、話しやすいし、覚えられやすい。2〜3回目くらいで

「次、ひとりで来ても大丈夫でしょうか？」

さり気なく会話を振ってみる。ここで店員さんは快諾をしてくれるはずだ。そして次回か

ら
「ホントに来ちゃいました！」
ひとりで訪問をする。これを何度か繰り返す。飲みの場とはいえ、自分が劣化しないためのひとつの手段を作るには、それなりに努力がいるのだ。

別に飲み屋でなくても構わない。喫茶店でも本屋でも、花屋でもなんでもいい。お金を支払うというのはすごく特別な行為だ。何も知らない関係でも、通貨の受け渡しがあることでお互いを気遣う関係性が生まれる。コンビニで必要なものを買うばかりの生活では、何も生んでくれない。同じような商品を手にしてお金を払うのなら、少しでも多く関係を肥やす買い方をしたい。

この行きつけの店は、ひとりで生きていくうえでのセーフティネットにもなってくれる。そのことを実感したのが東日本大震災時だった。当時つき合っていた彼氏は
「放射能が怖いので、家から出てはいけない」
訳の分からないことを言い、余震の続く東京でひとりだった。街中から物が消えたあの時。行きつけの店は手に入る食品で営業を再開していて、いつもと変わらず迎えてくれたことがどれだけ心強かったたか。

飲み屋のカウンターで恋も友情も仕事も生まれたけれど、まさか有事にも救われるとは思わなかった。改めて、コミュ力のあった自分を褒めた。

大きなことを言っているけれど、私も20代までは人見知りだった。それも自覚のない一番危険なタイプ。愛想も良くて、人見知りなんて縁がないと自負していたのに、先輩からの指摘で知る。

「小林、編集部に知らない人が来るたび、すっごい睨むのをやめろよ」

「いや、そんなつもりないんですけど」

「気づいていないだけで、相手がビビるくらい睨んで、警戒しまくってる。自分から話そうともしてないし、人見知りをなんとかしないと編集の仕事ができないからな」

驚いたけど、事実だった。

この助言をしてくれた先輩のことも、実はそれまでものすごく苦手で全く近寄ろうとしていなかった。ただ先輩のドスの利いたこの一声で、目覚めて注意するようになり、先輩との仲も緩和。今も定期的に甘えたくなる存在である。

知らない人と話すのは難しいことではない。挨拶と今週の天気のことと、時事ネタの話くらいができればどうにかなる。自分で選び、他人との交流を増やしていくのは単純に楽しいものだ。

お互いに色々な経験を経て知り合う、大人になってから芽生える友情。学生時代の友人たちとはまた違った居心地の良さがそこにある。

6　小銭くらいは貯めておく

貯金とは試験勉強みたいなものだ。

「何にも勉強をしていない」

そういう人ほど、試験前夜は血眼になって勉強して好成績を収めていた、あれ。

「貯めておいても仕方ないと思っちゃうんですよね。すぐに使っちゃう（笑）」

そういう人ほど、定期預金の額が半端ない。

ただお金の運用方法は、収入に対して無理のないことが基本。貯金、投資も健康法と同じく、その人にフィットするものを選べばいい。ここでは金を貯めろと素人の私が唱えるわけではない。マナー程度に、貯金は持っていようという掲示だ。

歳を取るといきなりの出費が多くなる。20代から続く結婚式は

「（あいつ、そろそろ嫁《とつ》ぐ頃だよな）」

そんないやらしい予想がつくので、出費の準備ができる。それが30代後半から急に増えたのが、まずは葬式。近所ならまだしも、遠方となると交通費、お香典、供花と数万円の出費だ。ついでに私の場合は仕事を休むというリスクもつく。

それから急な病気による医療費。普段は風邪も引かないような健康体質でも、年イチくらいで、原因不明の病気になることがある。数年前、ある日突然

「(……このまま……息絶えるんだろうか……)」

という、気絶するほどの肩の痛みを発症したことがある。石灰《せっかい》沈着《ちんちゃく》性《せい》腱板炎《けんばんえん》という、肩になぜか石灰が溜まるという病気だった。30代後半から女性に発症しやすい病気らしく、原因は不明。整骨院から外科に回され、最終的に大学病院へ通院する羽目になった。時間もかかるし、利き腕が動かないので家事もままならず、本当に不便な日々を過ごした。最終的に完治まで数万円の出費だった。

文字を追うだけでは他人事に聞こえるけど、あなたも明日かかるかもしれないし、私だって今日、再発するかもしれない。

そういう理不尽だとも思いたくなる出費に備えて、多少なりとも蓄えがあったほうがいい。急な出費に襲われてジタバタするのは、素敵な独身ではない。

緊急事態に備えの小銭があれば憂いなし、なのである。

7　質感の良い女でいる

『結婚してもしなくても女は幸せ』。このテーマを本にしたいと思ったきっかけのひとつに、米寿のご婦人との出会いがある。

「こんなところに店があるの？」

二度見したくなるような住宅街立地にもかかわらず、周辺の品の良い住宅に住む客たちで、連日賑わうスタンドワインバー。居心地がよく、私もタクシーをすっ飛ばしてよくお邪魔している。

その店のマスコット的な存在のご婦人。とにかく可愛らしい。88歳にして毎日、バーで酒を飲んでいるという元気さだ。

一度、深夜1時過ぎに彼女が数人の馴染みの客を手下のように引き連れている場面に遭遇した。田舎に住む我が両親は22時に就寝していることが、にわかに信じがたくなってくる光景だった。

そしてそのままワインバーへ入店するなり
「みんな、一杯ずつ飲んでいいから」

手下へ労いの（？）ひと言。もう感服としか言いようがなかった。

なぜ彼女が（自身から見ると）若手の集まる店に受け入れられて、さらに愛されるのかが気になった。他店にも飲みに来る老人たちは見かける。でも、彼女への誕生日プレゼントの代金が、常連客たちによって数万円も集まるような愛されぶりは稀だ。

その理由のひとつに、彼女がいつも身なりに気遣いをしていることに気づく。ニット帽をかぶったり、小柄な自分の体型に合わせたおしゃれを嗜んでいる。肌も年齢に違わず、きちんと手入れしているのが分かる。決して太ってもいない。

そして愛され理由を決定づけたのが、ご婦人は全く体臭がしなかったことだった。加齢によって、女性でも特有の臭いを発してしまう。それはもう当然のことだと思っていたのだけど、彼女は全く臭わない。むしろ柔らかさを彷彿させる、心地よい質感さえ漂わせていた。きっとご婦人は自分のことをよく知っている。

それから他人に対して、どんなことをすれば不快感を与えてしまうのかも長年の経験から察知して、注意をしているのだろう。これぞ本物の『美』である。お金をつぎ込むだけでは、得ることのできない貴重なものをご婦人から悟った。

グッバイ体臭

加齢とともに見た目が衰えてくるのは現実だ。それがその人の年輪を記す、ご愛嬌という意見もあるけれど、それが許されるのは長年連れ添ったお父ちゃんがいて成立する話。独身で生きていくのなら、どうしても他人の力に頼ることになる。

そのときに最低限のエチケットだけは、守っておきたい。体臭や歯、髪の毛、肌。他人の五感に飛び込んでくるものには敏感になろう。

特に体臭は気にかけたい項目だ。ご婦人の年齢に近づいてからケアすればいいものではなく、対策は何歳から始めても遅くはない。

まずは自分から悪臭が出ていないか質問をして、事実を教えてくれる監視員を周辺に配備。汗は溜めずに流す、拭き取る。歯磨きやマウスウォッシュで常に口臭ケア。それから気づきにくいけれど、古くなった皮膚。実は臭いの素だ。これらを除去するため、頭皮ケアと足裏の角質除去を定期的に行いたい。

悪臭を消すために香水をつけてもただの上塗りになるので、悪臭の素から断ちたいのだ。

要はスキンケア以前の食事、睡眠、運動を見直そうという結論に至る。頑張ろう、私たち。これこそ自尊心の強さが試される。

おしゃれに関しては、みんな違っていいし、個性を一番に考えたい。大阪のド派手おばちゃんコーデだって万歳だ。でも体から漏れる悪臭というのは、マイナスファクター。臭っていても仕方ないと妥協されるのは、成長期の学生だけ。私たちはその数十年後に備えて、今から対策を練っておく必要がある。

ああ、ひとりで生きていくとはなんと手のかかることだろう……。

静かな声量がもたらすもの

さらにご婦人を見ていて、若手に受け入れられる所作と感じたのは適度な声の音量。

さすがに88歳ともなれば耳も遠くなるし、物忘れをすることだってある。同じ会話を何度も繰り返すこともある。さほど私と変わりはない。

それでも俳優の石原裕次郎には色気があったなど、饒舌に昔のことを話すときは周囲の邪魔にならない、細やかな声で話している。これは学びたい。

老人大国ニッポンでは、老害という言葉をよく聞くようになった。ツイッターでも『#

老害』と検索すると恐ろしい数のつぶやきが出てくる。中でも老害のトップオブトップは、怒鳴ることと必要以上の大声だ。

先日も穏やかな音楽の流れる生活雑貨店のレジで、老婆が

「いつまで客を待たせるのよ！　ここの教育はどうなっているの!!」

と、金切り声を上げていた。同じレジの列に並ぶ私が注意しようものなら、ツバをかけられながら、怒鳴られることは間違いないと懸念して、注意する言葉を飲み込んだ。

『TPOに合わせたマナー』などと言い出しているときりがない。最低限、体臭と声量に気遣うことを遵守することが、独身でうまいこと生きていくコツ＝質感の良い女でいることなのだと思う。

それにしても齢《よわい》88歳にして、現役の飲んべえ婦人。聞けば、戦争も乗り越えて、これまで独身を貫いているという。そして若者と酒に囲まれて、愛される老後。私も結婚するかしないかは別として、ひとりの女性として考えたときに

「師匠！」

と呼びたくなる生き様だ。天晴れ。

8　年齢とは背番号なので気にしない

20代の俳優との撮影現場での会話。何度か一緒に仕事をして、慣れてきた仲の彼から、苦言を呈されたことがある。

40代になってから、若手と仕事をすると

「もう私の子どもでもおかしくないもんね（笑）」

つい、挨拶がわりのように発言するようになっていた。確かに若くして産めば、大学生の子どもがいても不思議はない年齢だ。その発言について、俳優の彼はこう言う。

「その言い方さ、もうやめなよ」

「へ？　なんで？」

「そういう風に言われたら、俺らはなんて返事すればいいのか分からない。『そんなことないですよ』って否定すればいいのか『そうなんですか？』って驚けばいいのか。同じようなことをしょっちゅう女性スタッフさんから言われるけど、一緒に仕事しているんだから年齢は関係ないでしょう?」

彼の言うことはあまりにも正論すぎた。その日を境に、私は自虐発言をやめた。

ついでに子どもと話す時に、自分の一人称を『おばさん』とすることもやめた。それまでも避けていたけれど、すっぱりやめた。母親ではないのにそんなことを言えば、本物の母たちに気を遣わせることにもなる。

そんなこと考えていたら、昔、70代だった祖母が自分のことを「じゃあ、〝おばちゃん〟が買ってあげようか」

孫以外の近所の子どもに言っていたことが不思議だったことを思い出した。

「おばあちゃま、そんな風に言うのはおかしいよ(笑)。よその子から見ても〝おばあちゃん〟でしょ? 〝おばちゃん〟は違うよ、もっと若い人が言うものだよ?」

そう言って、祖母を苦笑させたことがある。思えば『おばちゃん』と言っていたのは、彼女のプライドだった。それを思い切り傷つけてしまったと、こうして30年後に反省だ。

自分の存在を低く示すことが美徳とされている日本では、同系列の表現がある。

「これ、つまらないものですけれど」

と言って、差し出す手土産。そんな風に言うよりも
「これ、今、すっごく人気のお菓子なんで食べて欲しくて」

そう言うほうが、お菓子の存在も報われる。つまらないお菓子とはあまり美味しくなさそうだと思うのは、私だけだろうか。

それから相手の年齢を聞くこと、自分で年齢を紹介することもひどく野暮な行為に当たる。どんなに遠慮がちに聞いても、だ。自分の交際範囲をすべて同年代で括っているのだろうか？　と疑問になる。自分よりも年下からも学ぶこともあるし、年上だからと言って知識が豊富な訳でもない。私たちの脳内情報量は、年上、同年代、年下から教えてもらう折衷案からできているようなものだ。

余談だが団塊世代の男性にありがちだけど、年齢を重ねているからといって自分が偉いと誇張してくる人々のこと。もうギャグだと思うようにしている。

年齢は忘却の彼方に

そして年齢にまつわるエピソードをもうひとつ。

サッカー選手の書籍を作っていたときのこと。彼の番号は今でこそ『22番』で定着して

いるが、1回だけ『20番』で試合にスタメン出場をしたことがあった。突然のことだったので、本人に電話で理由を聞いた。

「なんでいきなり背番号が変わっちゃったの？」

「それが全然分からないんですよ。試合に呼ばれたら勝手に変わっていたんです。でもそんなもんですよ」

結局、その次の試合では22番に戻っていた。エースナンバーは別として、それ以外は運営側が勝手に決めるものだと初めて知る。ふと、年齢も背番号みたいなものだなと思った。正確なカウントばかりが自分の年齢ではない、勝手な数字並びでいいのだ。

どこかのＣＭで言っていたけれど、

「今日の私が一番若い」

のである。自分の年齢を忘れている、いや間違えているくらいのほうがいい。他では、物忘れも言い間違えも気をつけたいけれど、年齢に関しては大雑把に行こう。

9 オタクであれ

数年前に新聞で面白い記事を読んだ。

結婚して専業主婦になり、子どもさんも揃って成人したという50代の女性。贅沢もせずに家族のために数十年尽くしてきたという。夫はその間、ゴルフや旅行と趣味にも勤しみ、なんとも団塊世代らしい生活を送ってきた。ずっと〝家〟と言う籠の中で生活をしてきた彼女に、ある日、転機が訪れる。

テレビで見かけたアイススケートの羽生結弦選手の魅力に気づき、大ファン＝オタクになってしまったのだ。彼を追っかけようとすると、必然的に海外遠征が多くなるので、年間で300万円近くの費用がかかる。それだけではない、羽生くんが掲載されている雑誌の購入、ファンクラブへの加入。彼の愛用が判明するとつい買ってしまうお揃いのアイテムに、公式グッズの購入。それから聖地巡礼と、オタク同士が集う会への出席。日々すべての時間が推しで消化されていく。

その状況にしびれを切らした夫から、少しは控えるように注意を促された。このまま投資を続けると、将来的な生活費用も侵食される可能性があるからだ。それでも彼女は結婚してからの夫婦の財産はふたりのもので、自分にも使う権利があると主張。離婚も辞さないという。夫のつたない愛情表現では知ることなかった悦びを、妻は知ってしまった。いや、たどり着いたと言うほうが正しい。そんな状況でも彼女は

「(羽生くんのファンで)幸せです」

と言ったそう。うろ覚えな部分はあるが、大まかにこんな内容だった。読了後、納得以外何も浮かばない。家庭内で、母親が幸せそうに笑っている。そんな光景は美しい以外の何物でもない。

熱量はそれぞれとして、趣味を持つことは独身生活において必須だ。ずっと現実ばかりが続く生活だと、どこかで心も疲弊してくる。

それを癒してくれるのが、現実にはない『非日常空間』。その種類はなんでもいい。代表的なものでアイドル、アーティスト、舞台俳優、宝塚歌劇団、スポーツ選手など。趣味というなら、ゲーム、カメラ、バイク、茶道……とその数は無限大。収入による制約はあるけれどコレクターになるという手段だってある。

こっちの沼はあったかいぞ

その趣味に大きな意味を占める『非日常空間』が与えてくれるものとして、女性ホルモンがすこぶる活性化したという例も見た。

20年以上前、友人の母親が50代で男性アイドルグループにハマった。それまで、アイドルに熱狂するタイプには見えなかったので、その行動には驚いた。さらに驚いたのはその母親、追っかけをするようになってから、閉経した生理が戻ってきたという。あくまで若いキラキラした男性アイドルのオタクになったケースだけど、彼女の肌に再びツヤが戻り、笑顔が増えた瞬間だったという。そして今だにオタクは継続されている。

確かに趣味のない人が客観視をすれば、法外な金額を趣味にかけ続けるのは、常軌を逸した行為に見られるかもしれない。仮に、そのかけた金を単純に貯金したとしたら、かなりのものになるはずだ。でもその趣味があることで、ひとりの女性の心身が潤うのなら、必要経費と判断したい。化粧品にもエステにも及ばない効能を趣味は持っている。

独身生活を送っていたとしても、何も恋愛権を捨てたわけじゃない。いつか結婚をするかもしれない。

その間、何もないまま365日を過ごすことには、やや危険を感じる。朝起きて、仕事に行って、帰ってテレビを相手に出来合いの夕飯。週末は昼まで寝て、家事を終えたら友人と飲みに行くのが関の山では、あまりにも寂しい。こうして文字にしても切なくなってくる。その間を埋めてくれるのが趣味だ。

「私ねえ、全然趣味もないんですよね。みんなと楽しくご飯をしたり、仕事をしたりしていることが趣味かな（笑）」

そんな風に格好良く話す女性を何人か思い出すけれど、皆、港区男子獲得を目指して、マウンティングに奮励していた。その目標が悪いとは言わないけれど、達成できなかったときにリカバリーしてくれるものは用意しておいたほうがいい。

どちらが幸せかは自分の物差しが決めることだけど、ひとりで生活していくのであれば、みんなで一緒に沼に落ちていこうではないか。そっちの沼はあったかそうだぞ。

10 勝ちに行こうとしない

確か30代に突入したばかりの頃だった。結婚という目標を掲げつつ、仕事も駆け出し状態で毎日がプチパニック状態。そんな時に年上の有名なヘアメイクさんに、自分の野望や現状について相談をした。今思い返すと、相談というよりは婚活を頑張っている『俺自慢』というだけなのに、彼女はふむふむと根気よく話を聞いてくれた。

そして、はにかみながらこう言ったのだ。

「人生をうまくやっていくコツってね、勝ちに行こうとしないことなんだよね」

負けるのでもなく、泥仕合でもなく、勝ちに行こうとしない。当時は周囲よりも抜きん出て、勝つことしか考えていなかった私には、腑に落ちないひと言だった。

それから10年経過して、やっとその発言の意味が理解できるようになったかもしれない。

エチケットの一環として、心身のアンチエイジングを意識することは必要だ。それが日々の姿勢を正すきっかけにもなる。でも無理をしてまで、年下の女性と競い合うことはない。若さはいくら金を積んでも手に入らない、とんでもない至宝だ。若かった当時はその希少価値に気づかず、好き勝手なことをしていた自分のことを呪いたい。

例えばひとりの男を巡って、20代の女性とガチンコ勝負をしても負け戦になる確率が高い。他の20代だからこそできた荒技を挙げてみよう。メイクオフをしないで就寝。飲み終わりの深夜のラーメン。1カ月ダイエットで減る体重。どれを取っても若さには敵うはずもなく、私たちにはただのイタさが残るだけ。

そこに時間を費やして、無駄なカロリーを消費しているくらいなら、さっさと別ルートへ回避したほうがいい。

いい大人になったらこう考えてはどうだろうか。男が若い女のほうに転ぶのは仕方ない。だって私たちも若い男へすっ転ぶことがあるのだから。自分が彼のタイプではなかったわけではない、ただ男女が出会うタイミングの問題があっただけ。

メイクオフは肌の衰えを気にしているのか、帰巣本能と同じように自然と手が動いて、化粧を落としているようになった40代。これは酩酊する前に帰ることができるようになった証拠だ。深夜のラーメンは翌朝地獄を見ることになるので行けないけど、代わりに大人だからもう一本、シャンパンを空けられる。ダイエットだってプロの手を借りられるようになった。

この事実を敢えて声に出してひけらかすことはせず、自分の中でするりと消化する。それが勝ちに行こうとしないことの模範解答の一部であり、ものすごく強いプライドなのだと思う。よく『プライドは見せないからこそ光る』と聞く格言に合点が行く。見せびらかすプライドなんて、ただの見栄っ張りに過ぎない。

勝ちに行こうとしないのは、人生に妥協をしているわけではない。毎日歳を取ってハードルが高くなることが多くなってきた自分への優しさである。

自分を最上級に褒めて愛でてあげることができるのは、骨の髄まで知り尽くしている、自分なのだから。

コラム
"あかん男"たち
7

メール返信が遅い男
信用度が低い

ライターという職業柄、一日に送受信するメールは多い。書くだけではなく、編集業や撮影コーディネートなど食いっぱぐれのないよう、あちこちに予防線を張って仕事をしているので、さらにメールの量は増える。

「ロケのケータリングを連絡して、原稿ネタを送って……」

フルタスクで10年以上働いていると、10件以上の案件が脳内を往来していてもパニックを起こさなくなった。慣れたものだ。ただミスはたまに起こす。

これは自慢をしたいのだけど、メールは即返信するように心がけている。個人事業主になる際、すでにフリーで活躍している人たちにも失敗しないコツのリサーチをかけた。その時に同じライター業の先輩から伝授されたのは

「メールはとにかくすぐに返信しろ」

だった。この教えだけは忠実に守っている。まとめて後から返信すると、それだけ進行が滞るので自分も損をするから、なるべくためない、止めない。

その心得から連絡が遅い人に会うと仕事ができない気がしてならない。ほんの少しの作業なのに、それができない？　よく彼氏からのメール返信がないと

「休憩時間の1分で送ることができるのに！」

と怒る女性の気持ちとどこか似ている。

メール返信の遅い男性を本当にたくさん見てきた。全員のエピソードまですべて紹介をすると、この本が300ページを超えるので今回は割愛するが、男性だけではなく女性もいた。

遅いだけならまだしも、返信のない人もいる。他に見張りをつけるためCCメールで送っても無視。メールが続いても、電話をかけてもなしのつぶてである。

一度、あまりにも返信がない仕事相手の男性を捕まえて、その理由を問い詰めたことがある。

「ひとつの連絡に対して、何度もメールや電話をするのは時間のロスです。こちらが下請けということで、後回しにされているんでしょうか？」

一応伝えておくと、私が本気で怒るとむちゃくちゃ怖い。親父も男子大学生もビビらせて、泣かせたことがある。

「そんなことは……ないんです。送ろうと思うんですけど……すみません……」

理由はないらしい。それならこれは癖だと、あきらめがついた。他にもヒット企画を持っているのに、原稿料の支払いを滞らせてスタッフを激怒させている編集者も知っている。社内でも厄介者になっていて、各部署をジプシーのように異動させられていた。部署ならまだしも、私へライティングの発注が来るたびに所属出版社が変わっている転職マンは、連絡を滞らせる天才だった。

質のいいアイデアを出せ、と言っているのではない。それはもう能力の問題だ。メールを返す、連絡をする。そして使った金を清算する。誰もができることを怠るのは、もうその人の『感覚』なのだと思う。よく忘れ物をしてしまう小学生の習性が直らないことと同じだ。相手の信用が低くなるなんて、当人の発想にはない。最近はその手の人種を追いかけることはやめて、こちらも返信をしないように対処している。

そして他にメールの送受信で気づいたのは、多忙な人ほどメールの返信が早いこと。受信をした知らせだけを送ってきて

『詳細はまた改めて送ります』

という人もいる。ここで信頼度はめきめきと上昇する。別の事例もあって、新人ゆえに仕事を回せず、私に怒られてばかりの編集者くんがいる。でも彼、メールの返信だけは早い。それだけでもやり取りをする側は救われるし、また仕事がしたくなる。スマホですべての受信が可能になった時代に、一本の返信もできないほど時間のない人

はこの世に存在しない。

ではここらでもう一度、メール返信の遅さを恋愛の観点から考察してみよう。その昔はメール返信の速度で駆け引きをする、という恋愛の法則があったけれど、読めば既読まで知らせてくれるのだからもう古い。その既読がネックになって、

「彼から返信が来ない」

胸をざわつかせる女性が多い。この世には信じたくないけれど、LINEが100件近くたまっていても平気な男性、いや人間がかなりいる。彼らに悪気はなく、自分のタイミングのいい時に内容をチェックしたいだけ。彼らにその理由を聞いても、答えることは難しい。それが『感覚』なのだから仕方ない。そこで正論を並べる時間がムダだ。私も何度か話し合いを試みてみたものの、惨敗だった。

つき合った男性がこの一派で、あなたがメール即返信派だったら、割と厄介なことになる。相手は飄々としていても、こちらは返信の遅さに辟易する日々。相手が松坂桃李さんならまだ理解の余地はあるが、おそらく普通の男性だろう。

恋愛が燃え上がっている最初のうちはいい。LINEも秒速で返ってくることだろう。ただいずれ時間が過ぎて、彼の『感覚』が馬脚を現した時、返ってこない返信量と同等のストレスをためることになるのを忘れないで。

おわりに

改めまして、『結婚してもしなくてもうるわしきかな人生』を読んでいただいてありがとうございました。このページまでめくってくれているということは、本書を楽しんでもらえた模様ですね。いかがでしたか？

仕事で一冊の本をディレクションすると、これまで多くの著者さんたちが『まえがき』と『あとがき』を書くことに緊張していたことを思い出します。その本の中で一番伝えたい想いが、このページに宿っているからです。だから今『あとがき』を書いている私もドキドキしています。

この本を書くきっかけは、担当者さんからの
「婚活に関する本を書いてみませんか？」
というお誘いでした。それまで数回しかお会いしたことがなかったのですが、私の世間か

らズレた傾斜視点を、つぶさに察知してくださったようです。そんなありがたい期待のこもったお話なのに

「婚活という言葉が気恥ずかしいというか、かなり遅れた感じがします。『この世は結婚してもしなくても楽しく生きていける。でももし、ひとりで生きていくのならそれにはちょっと条件がある』。そういうことを伝えられる本なら、ぜひお受けさせてください。無理ならお断りします」

そんな生意気盛りな返事を理解してもらって本書があります。

書き手として、著書をリリースすることに興味がない人間はいません。いつかは自分の言葉を世間に伝えたい、そんな希望を抱いているはず。でも一方で自分が今まで制作の裏方として作品を作ってきて、前に出ていくことのリスクも知っています。だからなかなか好きな女子へ告白のできない男子中学生のように、書くことに対してモジモジしていた部分もありましたね。

「(書いて目立って、何かあったらどうする?　いや、大丈夫かな)」

でも背中を押したのは、自分が結婚することに対して、ものすごい努力を重ねてきたと

いう事実を知ったことです。仕事に対して自分がしてきた努力は記憶しているし、今からぜんぶ話せと言われたら、三日三晩をかけてたっぷりと自慢ができます。でも、結婚のためにしてきた努力なんて振り返ることもなかった。

ただ担当者さんと話しているうちに、自分がとんでもない時間と金をかけて嫁になろうとしたことにやっと気づきました。これが呪縛というものですね。これが貴重な経験で本のネタになるとも知らず、うっかり墓場まで持ち込んでいたかもしれません。

自分には本にするような特殊な思考も技術もないと思っていたところに、ダークホース（＝婚活）の登場といったところでしょうか。そして今まで脳内に積み込んできた、女性の生き方に関する取材データと融合させれば、購入してくれた読者にとって有益な情報を提供できるかもしれない。そんなひらめきが私にスッコーンと訪れました。こりゃもう乗っかるしかないと、なったわけです。

結婚にも離婚にも、確固たるエビデンスはありません。本書で私が書いてきたことも読んでくださったあなたにとって、フィットするものがあれば、合わないものだってあると思います。ダイエット法や健康法と同じで、自分に合うものを選んで実行していけばいい。その選択した集合体が、どこにもないオリジナルの私たちの人生なんですよね。

できればその『選択肢』の一つにこの本があることを願ってやみません。

さて終わりが近づいてきました。最後に、この場を借りてお礼を。

初めて本を書く割には、編集者なので校了までの全工程を知っている、小うるさい著者に優しくつき合ってくれた、担当のKKベストセラーズの鈴木康成さん。カバーに素敵な絵を提供してくださったイラストレーターのたなかみさきさん。細かなリクエストに応えてくださった、デザイナーのオクターヴの木庭貴信さん。それからこの本を一冊でも多く売ろうと日々奮闘してくれている、KKベストセラーズの営業、販促、デジタル部のみなさん。それ以外にも印刷所、書店のみなさん。総200ページの向こう側には信じられない人数が、制作に関わってくださっています。もし誰か一人が欠けてしまったら、この本は完成しませんでした。

本当に心から感謝します。ありがとうございました。

それからいつも東京で働く長女を応援してくれている家族にも改めまして、感謝を。

この本は私にとって（結婚式でよく出る挨拶風に）ゴールではなく、スタートです。まだ世間に伝えていきたいことや、挑戦してみたいことは山ほどあります。そのためには本日からまたコソ練を重ねていこうと思います。
そしてその結果が、読者のみなさんの人生を膨らませていく『選択肢』に再び加えてもらうことができますように。

令和元年11月吉日

小林久乃

装画　たなかみさき
装丁　木庭貴信＋岩元萌（オクターヴ）

●著者略歴

小林久乃（こばやし・ひさの）

ライター、編集者、クリエイティブディレクター、撮影コーディネーターなど。地元タウン誌から始まり、女性誌、情報誌の編集部員を経てフリーランスへ。エンタメやカルチャー分野に強く、ウエブや雑誌媒体にて連載記事も持つ。企画、編集、執筆を手がけた単行本は１００冊を超え、中には10万部を超えるベストセラーも。制作時のスローガンは「徹底読者ファースト」。酒場の出会いは仕事も友情も愛情もすべて運んでくれると信じている、愛酒家でもある。静岡県浜松市出身、正々堂々の独身（２０１９年11月現在）。

結《けっ》婚《こん》してもしなくてもうるわしきかな人《じん》生《せい》

２０１９年12月10日　初版第1刷発行

著者　小《こ》林《ばやし》久《ひさ》乃《の》

発行者　小川真輔

発行所　株式会社ベストセラーズ
〒171-0021　東京都豊島区西池袋5-26-19
陸王西池袋ビル4階
電話　03-5926-6262（編集）
電話　03-5926-5322（営業）

印刷所　近代美術

製本所　積信堂

ISBN978-4-584-13944-8 C0095
定価はカバーに表示してあります。